RECHERCHES

HISTORIQUES

SUR

L'ABBAYE DU BREUIL-BENOIT.

RECHERCHES

HISTORIQUES

SUR

L'ABBAYE DU BREUIL-BENOIT,

AU DIOCÈSE D'ÉVREUX.

PARIS,
TYPOGRAPHIE DE FIRMIN DIDOT FRÈRES,
IMPRIMEURS DE L'INSTITUT, RUE JACOB, 56.

1847.

A MONSIEUR

LE COMTE DE REISET.

Mon cher Ami,

Lorsque, après avoir parcouru en tous sens votre agréable domaine du Breuil, nous vînmes à parler de l'abbaye qui l'occupait jadis, comme d'un but de recherches historiques, j'y entrevis d'abord peu de chances de succès. En poursuivant avec persévérance les faibles résultats obtenus par quelques premières recherches, j'ai fini par reconnaître que, là comme ailleurs, la durée d'une longue suite de siècles laisse toujours certaines traces dont peut profiter l'histoire.

Au-dessous des métropoles, des puissantes

abbayes, des cités populeuses aux turbulentes annales, des forteresses qu'ont rendues fameuses ces longs siéges fertiles en hauts faits, des résidences royales où se groupait autour du prince et des dames la fleur de la haute chevalerie, s'étend le réseau presque infini des petites villes, des monastères du second ordre, des manoirs seigneuriaux de toute cette vieille noblesse vivant sur sa terre, et n'en sortant que pour les combats. Ces châteaux, ces couvents, ces petites villes, offrent un champ inépuisable aux investigations de l'historien. On y peut étudier intimement les mœurs, se retracer la véritable physionomie d'une époque, et se placer au meilleur point de vue pour la bien juger. Tant d'usages variés bigarraient en quelque sorte de mille couleurs l'aspect de l'ancienne France, qu'il n'est pas une de ces études qui ne puisse fournir quelques notions spéciales, quelque nuance pour le tableau d'ensemble.

Il n'est d'ailleurs aucune partie de la France qui n'ait intérêt à rattacher ainsi le présent au passé, à animer les lieux que nous habitons maintenant à notre tour, par le souvenir et les contrastes des temps qui ne sont plus. Des lieux ainsi étudiés deviennent alors un legs de l'histoire qu'on reçoit avec vénération pour le transmettre intact ou enrichi à ses successeurs. Par là peut diminuer un peu la tendance vraiment inquiétante à venir s'entasser de toutes parts dans la grande ville. Par là surtout peut être favorisée cette autre tendance, toute conservatrice, bien prononcée depuis une vingtaine d'années : voir dans tout monument de la vieille France un témoin de notre histoire, échappé à la proscription dont tant d'autres ont péri victimes, qu'il faut ainsi garder précieusement, entourer de soins et de respect.

L'abbaye du Breuil, depuis sa fondation au XIIe siècle, jusqu'à la révolution française, exerça une assez grande influence dans cette partie de la vallée de l'Eure qui s'étend entre Dreux et Ivry-la-Bataille. Elle fut comme le centre religieux des populations de cette vallée en des temps où les idées religieuses étaient si puissantes, si vives et mêlées à tout. Mais les titres, le cartulaire, les annales manuscrites de l'abbaye du Breuil ont péri ; les traces de cette domination morale, exercée pendant six siècles, étaient tellement éparses et imperceptibles, que le souvenir en aurait entièrement disparu avec les derniers échos des traditions déjà lointaines. Votre sollicitude pour un séjour dont vos soins conservateurs ont arrêté la ruine auront, en facilitant mes recherches, sauvé ces traditions d'un entier oubli.

Paris, 1er mars 1847.

J.-B. DE XIVREY,
Membre de l'Institut de France.

RECHERCHES

HISTORIQUES

SUR

L'ABBAYE DU BREUIL-BENOÎT.

ORIGINE.

A la suite de la grande ferveur qui, dans toute la chrétienté, avait précédé l'an 1000, pour lequel on s'attendait à la fin du monde, un relâchement très-sensible s'était introduit dans les principaux monastères. L'ordre des Bénédictins, remontant au vi^e siècle, et qui avait dû à l'épouvante superstitieuse du xe d'innombrables libéralités, fut surtout exposé à ce relâchement. Les écrivains de ces époques nous ont laissé plus d'un tableau caractéristique des raffinements de délicatesse et de luxe auxquels étaient arrivés ces moines opulents. La discipline régulière, ainsi altérée, ne pouvait satisfaire le besoin de mortification et d'austérité qui jetait dans le cloître les hommes d'une piété ardente, avec l'espoir de continuer l'œuvre de civilisation si courageusement commencée. De là les réformes tentées ou accomplies pour rappeler aux anciennes règles.

Saint Robert, d'abord prieur de Montier-la-Celle, en devenant abbé de Saint-Michel de Tonnerre, y trouva la règle de Saint-Benoît comme tombée en désuétude. Le spectacle des désordres que son autorité ne put empêcher rendit bientôt le séjour de son abbaye si importun à sa piété, qu'il retourna comme simple religieux dans son premier couvent. Mais un fait bien digne de remarque, est que l'altération des mœurs monacales s'alliait dans ces couvents dégénérés avec le désir d'avoir des chefs d'une sainte vie et vénérés au loin pour leurs vertus : inconséquence fruit d'un calcul intéressé ; car, dès que rien ne contre-balançait dans l'esprit des populations le mauvais effet du déréglement des moines, on voyait bientôt s'éloigner du monastère, avec la confiance et la dévotion, la source des libéralités.

La vie de saint Robert est un curieux exemple des tiraillements auxquels se trouvait exposé un pieux personnage, entre l'austérité à laquelle l'appelait sa dévotion, et la contrainte d'ordres supérieurs qui, à force d'obsessions intéressées, le maintenaient comme chef d'une communauté où son autorité était méconnue dans la pratique. Après divers essais, saint Robert crut pouvoir suivre enfin sa vocation pieuse en se rendant, avec l'autorisation du pape, aux vœux des ermites de Colan, à la tête desquels il alla former un petit établissement dans la forêt de Molesme.

Les mœurs exemplaires de cette nouvelle communauté, excitant la dévotion de tous les pays d'alentour, ne tardèrent pas à devenir, pour les religieux de Molesme, une source de riches donations, suivies bientôt de la corruption qu'engendrait presque toujours l'abondance chez les moines de ces temps-là. Saint Robert, devenu impuissant à les arrêter dans cette voie déréglée, les quitta pour chercher de nouveau quelque retraite aussi austère que celle qu'ils lui avaient offerte au temps de leur pauvreté. Ceux-ci, effrayés de la défaveur que son départ jetait sur la maison, interposèrent l'autorité du pape et de l'évêque de Langres pour le ramener à leur tête malgré lui.

Si, à son retour, ses prières et ses exhortations furent sans efficacité sur le plus grand nombre, tous n'y furent point insensibles; six d'entre eux se réunirent à leur abbé pour aller trouver à Lyon le légat, et lui demander l'autorisation de pouvoir ailleurs observer, dans toute son intégrité, la règle de Saint-Benoît qu'ils désespéraient de pouvoir rétablir à Molesme. Cette autorisation obtenue, ils ne retournèrent à Molesme que pour s'adjoindre les autres partisans de la stricte observance, et se rendirent, au nombre de vingt et un, dans une solitude du diocèse de Châlon-sur-Saône, lieu appelé *Cîteaux*, qu'ils commencèrent à défricher, et où ils s'établirent le 2 mars 1098, jour de Saint-Benoît. Le premier abbé en fut saint Robert.

Telle fut la modeste origine d'un ordre qui couvrit l'Europe de ses maisons.

Plus la piété de saint Robert obtenait de succès, plus les religieux de Molesme mettaient d'opiniâtreté à en réclamer les fruits. A force de démarches ils surent intéresser à leurs réclamations de nombreux prélats, et obtinrent du pape, dès l'année suivante, une sentence qui fit quitter à Robert sa nouvelle abbaye pour le remettre à la tête de celle de Molesme, où il demeura jusqu'à sa mort, arrivée en 1108.

Aussitôt après son départ, en 1099, saint Albéric, ancien prieur de Molesme, qui avait suivi saint Robert à Cîteaux, et en était devenu alors prieur, y fut élu abbé. Il mit sa nouvelle église sous la protection du saint-siége, qui lui fut accordée par le pape Paschal, en 1100.

A saint Albéric, mort en 1109, succéda saint Étienne, sous le gouvernement duquel Cîteaux reçut l'homme qui devait être la plus grande gloire de l'ordre et de toute la chrétienté, saint Bernard. Attiré par la réputation extraordinaire de vertus que s'était acquise cette pauvre communauté, il vint, en 1113, avec trente personnes, tant de ses parents que de jeunes gens de son âge, animés comme lui d'une ardente ferveur, demander à être reçu parmi ces frères. Son exemple eut rapidement un si grand nombre d'imitateurs, que cette même année saint Étienne ne pouvant plus les loger tous, s'occupa d'en établir une partie dans de nouveaux monastères. Le premier qu'il fonda, en 1113, fut celui de la Ferté au diocèse de Châlon, l'année suivante Pontigny au diocèse d'Auxerre, puis, en 1115, Clairvaux et Morimond au diocèse de Langres.

Ces quatre premières abbayes, appelées les filles aînées de Cîteaux, furent placées, par leurs constitutions, à peu près sur la même ligne que la maison mère, et sont devenues les tiges de quatre filiations par lesquelles tous ceux des nouveaux monastères qui ne sortaient pas directement de Cîteaux se rattachaient à ce chef d'ordre.

Des quatre filles aînées de Cîteaux, Clairvaux, la plus illustre et la plus féconde, fondée en 1115, dut sa gloire et sa prospérité à son premier abbé, saint Bernard. Non-seulement elle donna naissance à plus de huit cents monastères, mais l'éclat de sa réputation lui amena, du vivant même du grand homme qui l'établit, toute une famille d'adoption, par l'incorporation d'une congrégation entière, dont la tige, plus ancienne que Clairvaux même, remontait à l'année 1112. C'était l'abbaye de Savigny, au diocèse d'Avranches, qui abandonna ainsi, en 1148, avec toute sa filiation composée de trente-quatre abbayes, l'ordre de Fontevrault dont elle était issue, dont elle était même la fille aînée.

Cet ordre avait été institué, en 1099, un an après celui de Cîteaux, par un pieux solitaire du Poitou, nommé Robert d'Arbrissel. A l'exemple de l'abbaye de Chelles et de plusieurs autres, il y avait admis des hommes et des femmes, en établissant dans une même enceinte des couvents de chaque sexe, les avait placés sous la protection de la sainte Vierge et de saint Jean

1099

au pied de la croix, et, voulant établir la même relation hiérarchique entre ses religieux et ses religieuses qu'entre saint Jean et la mère du Sauveur, avait subordonné les hommes aux femmes, et mis l'ordre entier sous la direction de l'abbesse de Fontevrault.

Lorsque cette double communauté arriva à un accroissement trop considérable pour l'emplacement qui avait été concédé à Robert d'Arbrissel, il en détacha trois colonies sous la conduite de ses trois principaux disciples. Le premier des trois, Vital de Mortain, établit, en 1112, l'abbaye de Savigny, composée également d'hommes et de femmes [1]. On ne peut se dissimuler ce qu'il y avait d'étrange dans cette réunion des deux sexes pour une vie de prière et de méditation, dont la première obligation était le célibat et la continence. Ce fut aussi la source de bruits très-fâcheux pour la réputation de Robert d'Arbrissel ; et si les colonies religieuses qui sortirent immédiatement de Fontevrault se conformèrent encore au même usage, il ne paraît pas qu'il ait été continué au delà de cette génération. Il n'y eut que des hommes dans les deux premières maisons qui sortirent de Savigny, l'abbaye de Beaubec au diocèse de Rouen, et celle des Vaux-de-Cernai en France, au diocèse de Paris. Celle-ci, fondée en 1128, établit, à son tour, dans la partie de la Normandie qui confine à l'Ile-de-France, l'abbaye du Breuil-Benoît.

[1] Les religieuses de Savigny, séparées plus tard des religieux, formèrent l'abbaye appelée les *Blanches-Dames*.

SITUATION.

Vingt-deux ans seulement s'étaient écoulés depuis l'établissement de saint Bernard à Clairvaux; mais l'impulsion imprimée par ce grand homme, et l'ardeur des peuples à le seconder, firent disparaître presque partout les difficultés d'installation qu'avaient eues à surmonter les prédécesseurs de la nouvelle colonie religieuse. Aussi les moines venus des Vaux-de-Cernai trouvèrent-ils un accueil empressé et de prompts moyens d'existence lorsqu'ils arrivèrent à la paroisse de Marcilly-sur-Eure, dans une fraîche et riante vallée du doyenné de Verneuil au diocèse d'Évreux. C'était un domaine du seigneur de Marcilly, dont les terres relevaient des sires d'Anet, vassaux des comtes de Dreux et des rois de France. Le seigneur de Marcilly accorda aux religieux venus des Vaux-de-Cernai l'endroit le plus agréable de la vallée, circonscrit par la rive occidentale de l'Eure et le cours limpide d'un abondant ruisseau; lieu situé entre les villages de Marcilly, Louye et Saint-Georges, à 8 lieues au S.-E. d'Évreux, 2 lieues 1/2 au N. de Dreux, 4 lieues à l'E. de Nonancourt et 3 lieues 1/2 au S.-O. des plaines d'Ivry.

SOURCES HISTORIQUES.

Mais avant de donner la date et le détail précis de cette première concession, puis de rassembler, dans l'ordre des années, toutes les notions que nous avons pu recueillir, par beaucoup de recherches, sur l'histoire de l'abbaye du Breuil-Benoît, il est nécessaire de constater à quelles sources nous avons puisé ces notions diverses.

L'abbaye du Breuil-Benoît avait, comme toutes les autres, son cartulaire, qui a probablement été conservé jusqu'à la Révolution, mais qui avec certitude existait du temps des frères Sainte-Marthe, puisqu'il a fourni au *Gallia christiana* le nom de quelques abbés du Breuil, le texte de six chartes relatives à cette abbaye, et sans doute les renseignements que fournit leur ouvrage sur les premiers bienfaiteurs de son église. Ce n'est point pour la mention de ces faits principaux que la perte de ce monument est à regretter, mais pour les menus faits, les détails de mœurs, les circonstances de la vie intérieure, qui dans les cartulaires s'entremêlent ordinairement à la transcription des actes de propriété d'une communauté. L'historien y distingue presque toujours avec fruit des traits caractéristiques de la physionomie d'une époque, le tableau des goûts et des habitudes de l'association dont il cherche à retracer l'existence, en remplissant avec ces notions quelques-unes des lacunes de leurs tranquilles et monotones annales.

Après le *Gallia christiana*, Souchet, dans ses notes sur la vie du bienheureux Bernard, premier abbé de Tiron, ainsi que l'*Histoire civile et ecclésiastique du comté d'Évreux* par le Brasseur, fournissent plusieurs détails précieux sur Foulques de Marcilly, fils du fondateur de l'abbaye du Breuil-Benoît.

Le R. P. du Monstier, dans le *Neustria pia*, entre dans des détails assez circonstanciés sur les relations de plusieurs célèbres monastères avec le Breuil; il rapporte trois chartes de donation en faveur de la même abbaye, et les noms de deux de ses abbés.

Jongelinus, dans le grand ouvrage intitulé *Notitia abbatiarum ordinis Cisterciensis per orbem universum*, a publié aussi les trois chartes précédentes, qu'on retrouve encore dans l'*Histoire de la maison de Dreux*, d'André du Chesne, et qu'allègue Trigand dans l'*Histoire ecclésiastique de Normandie*.

L'original d'une de ces trois chartes est conservé aux archives du royaume dans le Trésor des chartes.

La copie de deux autres chartes fort anciennes, qui prennent place, par leur date, entre celles-là, a été conservée dans les papiers de Baluze à la Bibliothèque du Roi.

Nous avons comparé les principaux ouvrages généalogiques sur la maison de Montmorency, l'histoire de Cîteaux de dom Pierre le Nain, le Nécrologe de Port-Royal, avec les Vies des saints de Godescard, le *Gallia christiana* et l'*Art de vérifier les Dates*, au sujet de saint Thibaut de Montmorency-Marli, un des premiers abbés du Breuil.

Dans le précieux recueil des *Olim*, publié par notre illustre confrère, M. le comte Beugnot, se trouve le résumé d'une enquête établie au sujet d'un procès que l'abbaye soutint au parlement, en 1258, contre le bailli de Verneuil.

On publia, en 1657, à Dreux, les chartes des droits et priviléges accordés à cette ville par ses comtes. Il s'y trouve un acte passé entre eux et l'abbé du Breuil, l'an 1350, au sujet d'un prieuré de l'abbaye, établi à Dreux. Nous avons eu sur ce prieuré plusieurs détails puisés dans une histoire de Dreux, par Toussaint-Antoine Donnant, manuscrit dont une copie se trouve à Dreux; dans un autre manuscrit de la bibliothèque de Chartres, et dans un troisième appartenant à M. l'abbé de l'Hoste, chanoine honoraire de Limoges. Nous devons ces extraits à madame Philippe Lemaître, et nous avons lu avec fruit ce qui a déjà paru de *l'Histoire de Dreux* que publie cette savante dame.

Si nous éprouvons le regret de ne pouvoir connaître son ouvrage en entier, nous avons, d'un autre côté, la satisfaction de consulter, au moment où il vient de paraître, le curieux journal d'Eudes Rigaud, archevêque de Rouen au XIII° siècle, *Regestrum visitationum*, publié avec un utile commentaire par M. Th. Bonnin, d'Évreux.

Nous avions dans notre savant confrère M. Auguste le Prévost un guide trop sûr et trop bienveillant, pour ne pas recourir utilement à son érudition au sujet d'une province qui lui est si parfaitement connue.

Les portefeuilles de Gaignières, à la Bibliothèque du Roi, contiennent les copies de deux actes, et les originaux de douze autres, passés par divers abbés du Breuil pour un aveu et pour certaines quittances au xive et au xve siècle, ainsi qu'une vue de l'église et du couvent du Breuil, dessinée au commencement du siècle dernier.

La collection de Gough à la bibliothèque Bodleïenne d'Oxford conserve aussi quelques détails intérieurs de la même église.

Le sommier de l'église de Marcilly-sur-Eure, les actes originaux d'après lesquels il a été rédigé, et dont nous devons l'obligeante communication à M. le curé de Marcilly; diverses autres pièces, liasses de parchemins, volumes manuscrits, appartenant à d'honorables habitants de cette paroisse et des alentours, plusieurs procès-verbaux provenant de l'abbaye de l'Estrée, conservés dans l'église de Muzy, ainsi que le *Martyrologium gallicanum* d'André du Houssay, mentionnent d'autres faits relatifs à l'abbaye du Breuil-Benoît.

Une notice sur le prieuré de Coudres, manuscrit conservé dans la commune de ce nom, nous a fourni des remarques locales sur l'organisation des maisons religieuses de la vallée de l'Eure; et nous avons puisé dans l'*Histoire des ordres monastiques*, par Hélyot, diverses notions plus générales.

Parmi les titres de la paroisse de Saint-Georges-sur-Eure, où nous avons trouvé chez M. le curé la même obligeance qu'à Marcilly et à Muzy, un assez grand nombre d'aveux nous ont mis sur la voie de plusieurs des familles dans lesquelles est successivement passée la seigneurie de Marcilly, après l'extinction de celle des fondateurs du Breuil. Ces notions, appuyées des indications recueillies dans l'histoire généalogique du père Anselme et dans la Chesnaie des Bois, ont été à peu près complétées par les recherches que notre savant ami M. Lacabane a bien voulu faire avec son obligeance accoutumée dans les précieux documents du Cabinet des titres, d'où il nous a procuré aussi divers renseignements sur les familles des derniers abbés du Breuil.

L'abbé Expilly, Moréri, Vosgien, la *France ecclésiastique* et l'*Almanach royal*, un opuscule imprimé in-12 à Évreux en 1749 sous ce titre bizarre, *La science sublime ou la parfaite connaissance du ciel et de la terre par le soleil, la lune et les étoiles,* nous ont encore fourni quelques faits, des noms et des dates.

Il y faut joindre une requête présentée au conseil d'État par le dernier abbé du Breuil, le testament de cet abbé, les souvenirs des anciens du pays sur les derniers temps de l'abbaye, les actes de la vente de ses domaines, devenus, à la Révolution, une propriété nationale, quelques pièces tirées des papiers de la famille du propriétaire actuel et des archives du département du Haut-Rhin, dont cette famille est originaire.

Tels sont les principaux éléments des notions historiques sur l'abbaye du Breuil-Benoît, rassemblées ici et disposées chronologiquement.

FONDATION.

L'abbaye du Breuil-Benoît, placée sous l'invocation de Notre-Dame et de saint Jean-Baptiste, fut fondée le 8 mai 1137[1], grâce aux bienfaits de Foulques, seigneur de Marcilly, et de Guillaume son fils, qui assurèrent honorablement l'existence des moines par la concession perpétuelle de l'emplacement nécessaire à la construction de l'église et des bâtiments claustraux, en joignant à ce terrain des jardins entourés de fossés, des bois et même des vignes; car la vigne, qui réussit encore assez bien dans ces contrées, s'y cultivait déjà avec succès, peut-être même plus alors, comme le prouvent beaucoup de documents du temps, et notamment plusieurs des chartes relatives au Breuil. La nouvelle abbaye reçut encore de ses premiers bienfaiteurs le pré appelé de l'Orme, un moulin et le cours d'eau sur lequel il était placé, non-seulement en amont, mais en aval, enfin le privilége exclusif de la pêche[2] dans un ruisseau poissonneux, depuis la sortie du bois jusqu'à l'embouchure dans l'Eure[3].

1137.

---

[1] *Gallia christiana*, XI, 663.

[2] « Piscationem ita liberam, quod nemo nisi per monachos ibi piscari presumet. »

[3] Pièces justificatives, n° V.

Par ces dons généreux qui pourvoyaient ainsi amplement à tous leurs besoins, les nouveaux religieux se trouvèrent, dès leur installation, dans un état prospère qui ne tarda pas à porter ses fruits. Moins de trois ans après leur arrivée au Breuil, ils purent, à leur tour, détacher d'entre eux une colonie pour aller établir, dans une province voisine, un nouveau monastère qui leur dut la naissance. Ce fut à la demande de Rotrou II, comte de Perche, qui, pour accomplir un vœu fait dans le péril d'un naufrage, voulut fonder une abbaye dans un vallon sauvage du diocèse de Seez, à trois lieues de Mortagne, lieu appelé la Trappe et destiné à recevoir, au bout de six siècles d'obscurité, une célébrité que rien ne surpasse dans les annales de l'austérité chrétienne. Le comte Rotrou, au moment où il les appela, n'avait pu encore préparer dans le lieu inculte qu'il leur destinait une habitation propre à les recevoir. Ils s'arrêtèrent donc quelque temps aux Barrils, où ils reçurent une première donation ; puis, lorsque leur couvent fut construit, ils arrivèrent à la Trappe, dont ils reçurent la charte de fondation le 2 décembre 1140[1]. Albold, qui, de moine du Breuil, devint premier abbé de la Trappe, gouverna cette maison pendant trente-quatre ans. A partir de cette époque, l'histoire des deux abbayes est entièrement distincte. Toutefois la filiation directe de l'abbaye de la Trappe, comme issue de celle du Breuil-Benoît, ne cessa jamais d'être

---

[1] *Gallia christiana*, XI, 747.

reconnue et invoquée au besoin. « Brolium Benedicti a quo pendebat Trappa, » dit le *Gallia christiana* [1]. « L'abbaye du Breuil-Benoist au diocèse d'Évreux, fondée l'an de J. C. 1137, dit dom Pierre le Nain [2], laquelle avoit sous sa filiation le monastère de la Trappe, situé au diocèse de Seez et fondé l'an de J. C. 1140. » Nous trouvons cette filiation encore alléguée vers la fin du siècle dernier, dans un mémoire produit à l'occasion d'un procès entre l'abbé de Cîteaux et plusieurs maisons de son ordre. « La Trappe, y est-il dit, n'est fille de Clairvaux qu'au quatrième degré de génération, étant fille du Breuil-Benoît, petite-fille des Vaux-de-Cernay et arrière-petite-fille de Savigny, dont Clairvaux est la mère immédiate [3]. »

[1] Tom. VII, col. 689 c.
[2] *Essais de l'histoire de l'ordre de Cîsteaux*, t. IX, p. 30.
[3] Hélyot omet donc deux générations, lorsqu'il dit de Serlon de Valbodon, quatrième abbé de Savigny : « Il fonda quatre abbayes, entre autres celle de la Trappe. » *Hist. des ordres religieux*, IVe partie, chap. 14, t. VI, p. 111.

TRADITIONS DES LÉGENDES.

A côté de ce premier acte des religieux du Breuil, constaté avec toute l'authenticité des plus sûrs monuments de l'histoire, les vieilles légendes viennent déposer le tribut de leurs merveilleux récits. S'il s'y trouve la trace d'un fait réel, très-altéré, ce fait doit se rapporter aux temps de la première croisade, en 1147, dix années après la fondation de notre abbaye. Voici ce que racontent les légendaires. Guillaume de Marcilly, fils du fondateur, part pour la croisade et a le malheur de tomber aux mains des Turcs. Dans l'affreuse pensée de passer le reste de ses jours prisonnier de ces infidèles, il s'adresse dévotement à Dieu et cherche sa liberté dans la foi. Bientôt, par une inspiration divine, il se fait placer secrètement dans une caisse de bois hermétiquement fermée, qui, sous un prétexte quelconque, est expédiée au delà des mers, apportée en France jusque dans l'église de Saint-Eutrope à Xaintes. Là s'opère le dénouement du miracle. Le chevalier Guillaume sort vivant de cette bière d'un nouveau genre, qu'il veut emporter avec lui au Breuil, comme souvenir reconnaissant d'un si grand bienfait. Mais les moines de Saint-Eutrope, témoins de l'éclatant miracle accompli dans leur église, y gardent, malgré le seigneur de Marcilly, l'objet qui doit en conserver la mémoire. Les religieux du Breuil intentent alors à ceux de Saint-Eutrope un procès, qui menaçait d'être interminable, si le pape, en laissant le coffre miraculeux aux moines de Xaintes, n'avait pas ordonné que ceux-ci remettraient en dédommagement aux moines du Breuil un os de l'épaule de saint Eutrope, qui devint et resta au Breuil l'objet d'une grande vénération [1]. Cette relique était exposée le 30 avril, jour de Saint-Eutrope, et l'affluence des populations voisines que la dévotion attirait ce jour-là à l'abbaye, obligeait à prolonger la fête le lendemain, 1er mai; d'où l'usage de venir, de tous les environs, à la fête du Breuil, le premier dimanche de ce mois.

Guillaume de Marcilly voulut avoir sa sépulture dans l'église qu'il avait enrichie et illustrée. Ce vaste édifice, dont nous parlerons bientôt avec détails, n'était point achevé à la mort de Guillaume; car il ne le fut que dans le XIIIe siècle, et ce chevalier, qui parvint à un âge avancé [2], mourut la dernière année du siècle précédent. Mais la construction de l'église du Breuil, que le *Gallia christiana* nomme, à bon droit, une basilique, dut être l'ouvrage d'un grand nombre d'années : telle était la marche de l'architecture religieuse pour des entreprises que la foi soutenait, et dont la continuation se transmettait

[1] *Gallia christiana, Neustria pia*, TRIGAND, LE BRASSEUR, SOUCHET, etc.

[2] « Hic autem Guillelmus obiit senex, anno D. 1200, » dit Souchet dans ses notes sur la vie de saint Bernard, premier abbé de Tiron. Voyez ci-après, à l'année 1200, l'épitaphe qui prouve cette date.

comme un devoir et un héritage dans ces corporations qui ne mouraient pas. Toutefois l'église Notre-Dame du Breuil pouvait être assez avancée en 1200, année de la mort de Guillaume de Marcilly, puisque ce seigneur y fut enterré dans une chapelle qu'il avait fait construire à ses frais près de la sacristie[1]. Il y était représenté couché, revêtu de son armure, son bouclier au bras, les pieds appuyés sur un chien. Les anciens du pays se rappellent encore cet antique monument, détruit à la Révolution, mais dont le propriétaire actuel du Breuil a recueilli avec soin les restes mutilés, sauvés d'une entière destruction par le poids et les dimensions de la pierre. Cette statue était colossale, à en juger par ce fragment, qui laisse apercevoir encore une partie du chevron gravé comme armoiries sur l'écu. Il y a peu de monuments héraldiques plus anciens. Guillaume de Marcilly a dû être un des premiers seigneurs qui adoptèrent dans les armées croisées ces signes dont l'étude forma plus tard la science du blason.

On sait que, d'après les anciennes sculptures, lorsque aucun texte n'explique les émaux des pièces d'un écu, et qu'on n'en trouve pas la représentation dans quelque tableau ou sur quelque tapisserie, rien ne peut suppléer ces notions, puisque c'est seulement du XVIe ou du XVIIe siècle que date l'usage de figurer sur des surfaces monochromes, les différences de métaux et de couleurs, au moyen de lignes ou hachures disposées

---

[1] *La Science sublime*, etc.; Évreux, 1749, in-12, p. 78.

en certains sens convenus. Jusque-là on ne transmet par la sculpture et la ciselure que le tracé des pièces héraldiques, sans en donner les teintes. Nous ignorons quelle était celle du champ de l'écu que portait Marcilly, et quelle autre teinte distinguait le chevron peint sur ce fond [1].

Il nous paraît utile de mentionner, dans la suite de ce travail, les armoiries des divers personnages qui tiennent à l'histoire de notre abbaye ; car il en peut résulter d'utiles indications pour les monuments qui viendraient à être connus plus tard [2].

---

[1] Voyez cet écu aux planches des armoiries, à la fin du volume.

[2] Malgré la prétention, assez répandue aujourd'hui dans le monde, d'être familier avec le bason, il est bien peu de personnes qui sachent lire couramment, si l'on peut dire, les symboles de l'écriture héraldique. Joindre, à la suite chronologique des principaux personnages qui ont marqué dans l'histoire d'un lieu dont on réunit les souvenirs, les armes que ces personnages portaient, c'est fournir une date aux monuments armoriés que des recherches locales ou des rencontres fortuites pourraient faire découvrir plus tard, et donner quelquefois les moyens d'apprécier, avec le degré d'ancienneté de ces monuments, le degré d'intérêt dont ils seraient susceptibles.

PROGRÈS DE L'ABBAYE.

Pendant les dix premières années de son existence, l'abbaye du Breuil-Benoît dépendait, comme nous l'avons dit, de celle de Fontevrault, comme fille des Vaux-de-Cernai et petite-fille de Savigny. Mais celle-ci entra dans la filiation de Clairvaux avec toute sa congrégation, par la déclaration que Serlon, abbé de Savigny, fit en 1148 au concile de Lyon, en présence du pape Eugène III. Il fut en conséquence admis au chapitre général de Cîteaux, par l'entremise de saint
1148. Bernard; et, le 11 avril de cette année, par une bulle donnée à Reims, le pape confirma cette union [1].

Le glorieux reflet du nom de saint Bernard put contribuer à l'éclat des églises qu'il venait ainsi d'adopter. La célébrité de celle du Breuil nous est attestée par la charte qu'octroyèrent dix ans après, en
1158. 1158, Robert Ier, comte de Dreux, frère de Louis le Jeune, roi de France, et sa troisième femme Agnès, comtesse de Braine. Par cet acte ils donnent à l'église du Breuil, pour le repos de leurs âmes et des âmes de leurs ancêtres, un muid de blé de rente à prendre sur leur moulin, près des Ormes, établi sur la petite rivière appelée la Blèse [2].

[1] HÉLYOT, *Hist. des ordres monastiques*, part. IV, chap. 14.
[2] Pièces justificatives, n° I.

Un autre acte que du Chesne, Jongelinus et le *Neustria pia* placent avant celui-ci, sans doute parce que l'un et l'autre étaient transcrits ainsi dans le cartulaire, ne porte point de date; mais il nous paraît évidemment postérieur, d'un certain nombre d'années, à celui qu'il précède dans ces divers ouvrages. Il doit avoir été rédigé entre les années 1170 et 1180 [1]. C'est la donation, faite par le comte Robert Ier, d'une rente de cinquante sous, à percevoir sur le revenu de la boucherie de Dreux, payables tous les ans à la Saint-Remi, et affectés aux frais du luminaire des messes. C'est en même temps la concession du droit de prendre, chaque jour, dans la forêt de Dreux, autant de bois mort qu'en peut transporter une charrette à deux chevaux, pour la célébration de quatre anniversaires en mémoire du comte, de la comtesse, de Robert leur fils, et de Robert de Mauvoisin, outre une messe quotidienne. Cette charte

[1] On y constate, en effet, l'assentiment de son fils Robert et de ses autres fils. Or Robert Ier, lorsqu'il épousa, en 1153, la comtesse de Braine, n'avait de ses deux précédents mariages qu'un fils nommé Simon et une fille appelée Alix. Le Robert et ses frères dont il est fait mention dans la charte sont donc enfants de la comtesse de Braine, dont Robert Ier eut six fils. Mais pour que plusieurs des aînés fussent en âge de donner leur assentiment, on doit supposer au moins quinze ou vingt ans après le mariage, ce qui ne permet guère de placer cette charte avant 1170. On ne peut la rapprocher non plus au delà de 1180, année de la mort du roi Louis le Jeune, nommé, dans cette pièce, comme régnant. C'est donc dans l'intervalle de ces dix années que la charte en question dut être octroyée.

est conservée en original dans le Trésor des chartes avec le sceau du comte Robert, en cire verte ; on y lit encore le mot 𝔇𝔯𝔬𝔠𝔢𝔫𝔰𝔦𝔰, et au contre-scel la devise 𝔈𝔬𝔫𝔣𝔦𝔯𝔪𝔞 𝔫𝔬𝔰, 𝔇𝔢𝔲𝔰. A la fin se trouvent aussi les noms des témoins, que n'avait pas donnés André du Chesne, en publiant cette pièce d'après le cartulaire, dans les Preuves de son histoire de la maison de Dreux[1]. Ces témoins sont : maître Raimond, Pierre de Fare, Crispin de Dreux, Jean de Fontenète, Milon de Neauphle et Foulques de Dreux[2].

L'accroissement de fortune que prend alors l'abbaye du Breuil, en complique déjà l'administration, par les soins contentieux qu'entraînent les richesses. Guillaume, le premier des abbés du Breuil dont le nom nous soit parvenu, est nommé d'abord dans un acte
1190. par lequel il composa, en 1190, avec les moines de Saint-Taurin, au sujet d'une dîme revendiquée des deux parts[3]. Deux ans après, il conclut un accord semblable avec l'abbé de Mortemer[4]. Le nom du même Guillaume se retrouve encore, avec sa qualité d'abbé du Breuil, dans deux actes où il ne fait

---

[1] Il est évident que du Chesne, citant seulement comme source le cartulaire du Breuil, n'a pas connu la charte originale, dont la fin n'avait probablement pas été copiée par le rédacteur du cartulaire.

[2] *Pièces justificatives*, n° II.

[3] *Gallia christiana*, XI, 264 B. — TRIGAND, *Hist. ecclés. de Normandie*, t. IV, p. 246.

[4] Trigand, lieu cité.

qu'intervenir, et qui sont des années 1192 [1] et 1200 [2].

En cette dernière année mourut, comme nous l'avons dit, le fils du fondateur de l'abbaye, le héros merveilleux de la légende, Guillaume de Marcilly. Son épitaphe est remarquable comme écrite en français, ce dont on trouverait bien peu d'autres exemples. Si la pierre tumulaire, qui subsistait encore en 1791, eût été conservée, nous pourrions citer cette épitaphe comme un des anciens monuments épigraphiques de notre langue moderne. Mais nous l'avons seulement telle que la donne l'historien de l'abbaye de Tyron :

> Cy gist monseigneur Guillaume de Marsilly fondeur de ceste chapelle fils de monseigneur Foulque jadis seignour de Marsilly fondeur de ceste abbaye qui trespassa l'an de grace m cc [3].

La dévotion des grands envers l'église du Breuil est loin de se ralentir au XIIIᵉ siècle. Dès la première année, Adélicie, comtesse de Blois, pour le repos de l'âme de son mari, de la sienne, de celles de leurs parents et amis, avec le consentement de ses fils, le comte Louis et Philippe, de ses filles, Marguerite et

---

[1] *Neustria pia*, p. 787, et Trigand, lieu cité. L'acte où l'abbé Guillaume intervint, en 1192, était un jugement de pacification rendu par les abbés de la Vallée et de Froimont, entre les abbés d'Orcamp et du Vœu, au sujet de quelques droits respectivement prétendus.

[2] *Neustria pia*.

[3] J.-B. Soucheti, *in D. Bernardi, Tironensis abbatis primi, vitam observationum*, p. cclxxvij.

— 28 —

Isabelle, fait aux moines du Breuil une de ces donations qu'il nous est fort difficile aujourd'hui de bien apprécier au véritable point de vue d'alors, et qui caractérisent l'état de la société au moyen âge. La comtesse Adélicie accorde à ces religieux, en aumône perpétuelle, pour s'en servir à leur volonté et suivant les besoins de leur maison, comme d'une propriété exempte de toute taille, droit de coutume et oblation, la personne d'un bourgeois de Chartres, nommé Richard d'Aunet, s'engageant, s'il mourait avant elle, à le remplacer, sur la demande des moines, par un autre bourgeois *de mêmes qualités et aussi bien conditionné*, comme nous dirions aujourd'hui d'une marchandise : « *ipsis alium de modo et posse illius assignabo.* » Cette charte fut donnée *apud Soores* [1] en 1201 [2].

Le 30 juin de la même année, Louis, comte de Blois et de Clermont, confirma ce don de sa mère [3].

[1] Si, au lieu d'être dans une charte de la comtesse de Blois, ce nom se trouvait dans quelque acte d'un comte de Dreux, on serait tenté d'y reconnaître Sorel, village assez voisin du Breuil, sur l'autre rive de l'Eure, au-dessous du joli château de Sorel, et de la forêt de Dreux. Mais il est plus probable qu'il faut rechercher ici un lieu situé dans le Blésois, comme Sœurs, près de la forêt de Blois, qui est fort ancien, et où les comtes de Blois purent avoir une résidence.

[2] Pièces justificatives, n° III. Les témoins de cette donation furent Reinauld d'Orreville, Geoffroi de Gradulfe, Reinauld de Scors, Gillebert d'Oseinville, Étienne de Breteuil, maréchal de la comtesse, Jean d'Aunet, son intendant, Gautier des Fossés, et Pierre de Girard.

[3] Pièces justificatives, n° IV. L'acte fut passé en présence de

Cependant la plupart des seigneurs de Marcilly, descendants de Foulques et de Guillaume, avaient confirmé, et augmenté d'autres concessions, la donation primitive de ceux-ci. Parmi ces seigneurs, dont il n'est pas possible d'établir la filiation suivie [1], le nom de Foulques fut le plus usité. Au mois d'avril 1213, Foulques de Marcilly, fils de Foulques, et petit-fils de Foulques, confirma la donation primitive ; c'est d'après cette charte de confirmation que nous avons pu donner le détail de la fondation, telle qu'elle y est rappelée. Il y est dit, de plus, que Foulques de Marcilly, Jean, fils de Philippe, et Philippe, fils de Payen, en confirmant ces premiers dons, y avaient ajouté l'entière propriété du fief du Breuil, complétant ainsi le domaine sur lequel était située l'abbaye ; et autour de ce domaine un espace de huit pieds pour l'entourer d'un fossé de clôture. Pour ces

1213.

Geoffroi de Brulon, Jean et Carin de Frièse, Pierre de Vilerbeton, Robert de Frooville, Barthélemy de la Bretonnière, du doyen Eudes, d'Aucher de Bonneval et de Jean Crispin.

[1] Une courte note, conservée au Cabinet des titres, à la Bibliothèque, nomme ces seigneurs comme les plus anciens qui soient connus du nom de Marcilly, et, du reste, borne les notions recueillies sur leur filiation à ce peu de mots :

« Foulques, seigneur *de Marcilliaco*, qui est Marcilly, fonda l'église
« du Breuil-Benoist, et eut :

« Guillaume, pris par les Turcs, qui se sauva par mer dans un
« coffre, fonda une belle chapelle, mourut en l'an 1200, et eut, *ce*
« *semble*,

« Guy, qui eut, *ce semble*,

« Pierre, tous seigneurs de Marcilly. »

concessions et confirmations, l'abbé avait payé aux trois chevaliers la somme de cent livres de Dreux. Celui d'entre eux qui s'appelait Foulques, s'était réservé, toutefois, la propriété de la fontaine du Breuil, et un chemin de largeur convenable le long de ce ruisseau. Il avait ajouté aux dons précédents deux mesures de vin à prendre à Méden, et la moitié de la dîme sur le produit de ses vignes de Marcilly. Foulques, l'auteur de l'acte de 1213, confirma toutes ces dispositions, d'accord avec sa mère Burga, sa sœur Gersende, sa femme Emmeline, ses frères Robert et Jean. Simon d'Anet, dont les seigneurs de Marcilly tenaient des terres en arrière-fief, revêtit cet acte de son approbation féodale, de concert avec son fils Jean [1].

Robert II, comte de Dreux, avait hérité de la dévotion de ses parents envers l'abbaye du Breuil, sentiment que partageait Yolande de Coucy, sa seconde femme. Cette princesse étant devenue veuve, accorda, pour le salut de son âme et de tous les siens, un cens de quinze sous que Robert III, son fils, l'autorisa à faire payer annuellement, à la Saint-Remi, sur la redevance de Renaud Burgon. L'acte est de mars 1219 [2].

1219.

1222. Trois ans après paraît, pour la première fois, le

---

[1] Pièces justificatives, n° V.

[2] Pièces justificatives, n° VI. André du Chesne, qui donne exactement cette pièce dans ses Preuves de l'hist. de la maison de Dreux, page 255, s'est trompé en disant, page 52 de son histoire, que ce cens était de 25 sous.

nom de l'abbé Vincent [1], sous le gouvernement duquel l'église du Breuil fut solennellement consacrée par Richard, évêque d'Évreux, assisté de Gautier, évêque de Chartres. Cette cérémonie se fit le jour de l'octave de l'Ascension, au mois de juin 1224. Les deux prélats accordèrent cinquante jours d'indulgence à tous les fidèles qui, en l'honneur de cette fête, apporteraient au Breuil l'offrande de leurs aumônes, depuis le jour de la dédicace jusqu'à la Toussaint suivante, et pour l'avenir, chaque année, à tous ceux qui pratiqueraient la même dévotion dans la quinzaine qui suit l'octave de l'Ascension [2].

[1] Cartulaire de Saint-Vincent des Bois, cité dans le *Gallia christiana*. L'abbé Vincent est nommé une autre fois dans ce cartulaire, en 1225.
[2] Pièces justificatives, n° VII.

DESCRIPTION DU MONUMENT.

Livrée aux dévastations et à moitié démolie depuis la Révolution, l'église du Breuil offre encore les restes imposants d'un édifice dû à l'art et à la foi du xiie et du xiiie siècle. Les anciens du pays se rappellent avoir vu dans son entier, brillant des ornements et des pompes du culte, ce temple majestueux que beaucoup de grandes villes, des évêchés même auraient pu envier au monastère cistercien qui a laissé si peu de traces de son histoire. Comparé à l'état d'alors, l'état actuel offre un aspect de désolation. La spéculation a entièrement détruit les transepts pour en employer les pierres comme matériaux de construction. Sur le sol du sanctuaire, encombré d'épais buissons de ronces et d'épines qui s'entrelacent en tous sens, s'élèvent çà et là, au milieu des chardons et des orties, quelques arbres, venus sans doute des graines tombées du bec des oiseaux. Au delà de cet espace, à l'extrémité orientale, sont encore debout, mais sans aucun toit pour les protéger, les colonnettes, les élégants piliers et les arcs en ogive du chevet, qui, comme dans d'autres églises du même temps, notamment, d'après une remarque de M. Albert Lenoir, dans celles de l'ordre de Cîteaux, s'arrondissaient gracieusement derrière le maître-autel [1] : ruines de

---

[1] Deux colonnes s'élevaient de chaque côté du maître-autel, et

l'effet le plus pittoresque, mais dont la décadence est trop avancée pour oser leur présager une durée séculaire, et surtout pour entreprendre une restauration [1].

La seule partie de l'église Notre-Dame du Breuil qui subsiste encore avec solidité est la nef, qui heureusement, pendant qu'on abattait les transepts, fut respectée par l'intérêt, comme offrant toutes les meilleures conditions d'une immense grange. Il suffisait, pour l'employer ainsi, de murer à l'est l'ouverture laissée par la démolition des transepts. Cette vaste nef est flanquée de deux bas-côtés. Les ogives de ses légers arceaux, que supportent, de chaque côté, six piliers ou groupes de colonnettes engagées, s'élancent vers une voûte dont la hauteur frappe tout d'abord par son élégante hardiesse. Les clefs de voûte étaient ornées d'armoiries [2], dont on distingue encore deux ou trois. Chaque bas-côté est éclairé par six fenêtres à plein cintre. Un pareil nombre règne dans le haut de la grande nef, qui reçoit encore le jour de trois autres fenêtres au-dessus du portail. Ces ouvertures des trois nefs, garnies des éclatants vitraux du XIIe et du XIIIe siècle, devaient, au moyen d'une gradation savamment combinée, compléter l'effet

huit en arrière, disposées en demi-cercle. Neuf autels particuliers, adossés aux murs du chevet, répondaient aux interstices de ces colonnes.

[1] Voyez la planche représentant les ruines du chœur.

[2] On nous a signalé la collection de Gough à la bibliothèque Bodléienne d'Oxford, comme conservant, n° 150, le dessin de plusieurs des écussons qui se voyaient dans l'église du Breuil.

d'un brillant ensemble par les vitraux, encore plus riches, du chœur et des transepts. Aujourd'hui, dans l'état de dégradation où la barbarie et de profanes usages ont réduit l'édifice, une mesure nécessaire de conservation a fait remplir de maçonnerie la plupart de ces ouvertures [1]. La baie du portail, à plein cintre, surmontée d'un encadrement en ogive surbaissé, que soutiennent des groupes de colonnettes cannelées, aux chapiteaux historiés, mais dont presque tous les ornements ont disparu sous de barbares mutilations, est divisée au milieu par le pilier de pierre destiné à recevoir la retombée des deux battants. Sur ce pilier on aperçoit encore les restes de quelques écussons d'armoiries, gravés en creux et coloriés, qui ont été effacés pendant la Révolution. A droite et à gauche sont les entrées des basses-nefs [2].

Tel qu'il subsiste encore, ce beau vaisseau présente un des heureux spécimens de l'architecture monacale du XIIe siècle, dans sa simplicité et sa grandeur [3].

[1] Voyez la planche représentant l'intérieur de la nef.
[2] Voyez la planche représentant la façade de l'église.
[3] On ne s'étonnera pas du grandiose de ces dimensions pour l'église d'une assez obscure abbaye, si l'on réfléchit à la prodigieuse extension qu'avait prise au XIIe et au XIIIe siècle tout ce qui tenait à l'état monastique. L'abbaye de Cluny, qui offre l'exemple le plus saillant, s'était développée dans de telles proportions, qu'en 1245, suivant plusieurs historiens, le pape Innocent IV, au retour du premier concile de Lyon, y logea avec les patriarches d'Antioche et de Constantinople, douze cardinaux, trois archevêques, quinze évêques et toute sa maison; qu'en même temps l'abbé de Cluny y reçut le roi saint Louis, accompagné de la reine sa

Un ancien dessin conservé à la Bibliothèque, dans les portefeuilles de Gaignières, peut aider à compléter les notions fournies par cet état actuel des ruines, dont cependant les dimensions le contredisent sur plusieurs points. On y voit, par exemple, des transepts assez saillants pour comporter, dans le sens de leur longueur, trois fenêtres pareilles à celles de la nef et également distantes; mais d'après les mesures comparées de ces deux parties de l'église, il est certain que cet espace ne pouvait comporter plus de deux fenêtres. On n'aperçoit même qu'une fenêtre sur celui de ces murs qui subsiste encore au midi. Au-dessous se continuaient, à droite et à gauche, les bas-côtés de la nef. Sur la face de chaque transept deux fenêtres s'ouvraient au-dessous d'une grande rose [1].

Devant la façade de l'église un vaste espace irrégulier, entouré de murs, comprenant à gauche le colombier féodal, servait à la fois d'entrée à l'église et

mère, du comte d'Artois, son frère, et de sa sœur; Baudouin, empereur de Constantinople; les fils des rois d'Aragon et de Castille; le duc de Bourgogne, six comtes et beaucoup d'autres grands seigneurs, sans que les religieux fussent obligés de quitter leurs chambres, leur réfectoire et leur salle capitulaire.

[1] Voici les dimensions de l'église du Breuil :

Nef. Longueur, 28 mèt. 50 c.; largeur, 15 m. 45 c.

Transepts. Largeur entre la nef et le chœur, 8 mètres; longueur entre les deux roses N. et S., 23 m. 80 c.

Chœur. Depuis le milieu des transepts jusqu'au fond, 14 m. 20 c.

La hauteur du *vaisseau* est de 15 m. 20 c.; au-dessus des voûtes s'étend un vaste comble en magnifique charpente, d'une forme cintrée.

au couvent, situé à la gauche de celle-ci. Du côté opposé au couvent, une porte ouvrait, au midi, sur la campagne. La porte principale aboutissait à l'avenue qui conduit à la route de Marcilly.

Les bâtiments claustraux consistaient en deux corps, joints à angle droit, l'un partant perpendiculairement du latéral gauche de l'église; le second, se ralliant à celui-ci en retour d'équerre, s'avançait à l'ouest au delà de la ligne de la façade. Cet édifice était percé de vingt-quatre fenêtres, douze à chaque étage. Le long de celles du rez-de-chaussée régnait le cloître, sous un toit en auvent, supporté par des colonnes. Des côtés opposés aux deux corps du couvent, la cour du cloître était fermée, à l'ouest, par un bâtiment plus petit, et au midi par un mur qui s'alignait comme prolongation des parois extérieures de la basse-nef du nord, et séparait la cour du cloître de la grande cour d'entrée commune à l'église, et dont nous avons parlé [1].

[1] Voyez la planche représentant tout cet ensemble, d'après l'ancien dessin.

VIE DES MOINES.

Les moines de ce couvent étaient sans doute assez nombreux au xiiie siècle. Le rapide accroissement de leur fortune par les donations successives de la noblesse du voisinage, fait supposer aussi, qu'au moins après les premiers temps de leur établissement, ils laissèrent à leurs serfs la culture des terres, et à des frères lais ou convers les soins domestiques du ménage et de la cuisine.

Si nous avions pu retrouver une notice manuscrite sur le Breuil, que plusieurs personnes ont encore vue, il y a quelques années, mais dont on a perdu aujourd'hui la trace, nous aurions sur les fonctions de ces frères lais, et par même occasion sur l'état des biens de l'abbaye, beaucoup de renseignements circonstanciés. Car la bonne administration du temporel était ordinairement l'objet principal de ces rédactions, qui, sous un titre quelconque, servent de complément aux anciens cartulaires. Toutefois l'analogie pourrait suppléer assez utilement à l'absence de ces notions sur le Breuil, au moyen des amples détails qu'un curieux manuscrit nous a conservés sur une maison religieuse du voisinage, le prieuré de Coudres, dépendant de Saint-Lazare de Paris[1]. Ce vo-

---

[1] Manuscrit conservé à Coudres.

lume, qui renferme beaucoup d'observations d'économie domestique d'un véritable intérêt pour cette partie du pays, avait été rédigé par le frère lai qui était *receveur* du prieuré au commencement du dernier siècle. Les autres fonctions remplies par des frères lais étaient, à Coudres, le *bassecourier*, le *cuisinier* et le *frère du labour*. Il n'est certainement pas de propriétaire qui ne s'estimât heureux d'avoir un régisseur aussi attentif et aussi soigneux que ce receveur de Coudres. Sa vigilance à entretenir les biens du prieuré et à s'opposer aux abus, descend dans les moindres détails, et pourtant sait admettre quelque chose d'assez large dans les relations avec les tenanciers, dans la nourriture et l'entretien des gens, ce qui faisait presque partout rechercher le service des moines. Ainsi leurs nombreux domestiques faisaient quatre repas, dont deux avec de copieuses portions de viande, du pain et du cidre à discrétion. L'hospitalité s'exerçait grandement, mais avec discernement et calcul. Ce qu'on lit à ce sujet dans le manuscrit de Coudres, sert fort bien à caractériser les habitudes monastiques à la campagne. Nous ne changeons rien au style du frère receveur, beaucoup trop occupé des soins du ménage pour avoir eu le temps de raffiner sur la grammaire.

« Il faut, dit-il, ne pas trop rechercher ny presser le monde de venir nous voir à Coudres, ny s'engager trop facilement avec des gens à qui on n'a pas de fortes obligations, de venir en passant chez nous, ou d'y venir passer quelques journées de délassement, ou d'y venir à la chasse. Quand ils y viennent sans être priés, *ou sans être trop priés*, il faut tascher de les recevoir cordialement, les nourrir honnestement et les coucher proprement. Il faut se donner bien de garde de ne pas bien recevoir ceux qui se présentent, quand bien mesmes ils nous auroient été à charge, venant dans les temps où nous sommes bien occupés. Les fuir, ne leur point tenir compagnie, ne leur parler que par monosyllabes, c'est en quelque sorte les rebuter.

« Quoy qu'on n'ait pas dans un village toutes les facilités qu'on a dans une ville, de chercher chez un cuisinier ou pâtissier quelque chose d'extraordinaire, tout le monde sçait qu'on trouve dans une basse-cour de quoy bien recevoir ses amis, comme font quantité de curés qui ne sont pas à leur aise, ce qu'on peut facilement faire dans un gros prieuré comme est celui de Coudres. »

Le digne receveur ne bornait pas ses précautions hospitalières aux seules ressources de la basse-cour. Car dans un autre chapitre, parmi les conseils au frère cuisinier il place cette utile maxime :

« Ledit frère cuisinier doit si bien prendre ses mesures, qu'il ait toujours quelque chose d'extraordinaire à présenter à table, en cas qu'à l'impourveu il vienne quelque personne de distinction à qui on doive présenter le déjeuner, dîner ou souper. Il faut avoir du bœuf à la mode, quelque pièce de veau à la daube, quelque jambon, pâté, etc., qu'on mange le mercredy ou le jeudi, quand dans la semaine il ne s'est point présenté d'externe de distinction. »

On peut raisonnablement supposer que, dans une riche maison comme le Breuil, qui devint abbaye royale, la vie n'était pas moins bonne que dans ce gros prieuré, en tenant compte des modifications des siècles, ainsi que de la différence des prescriptions entre la règle de Cîteaux et celle des Lazaristes.

Au Breuil, les frères convers étaient habillés entièrement de brun, robe, scapulaire et capuce. Pour aller au chœur, ils mettaient de plus une mante qui s'attachait sur les épaules entre la robe et le scapulaire. La couleur brune, prise d'abord par les religieux de Cîteaux, fut quittée pour le blanc, dès le gouvernement de l'abbé Albéric, avant la fondation de l'abbaye du Breuil, et le brun fut laissé seulement aux frères convers. Les novices avaient des habits de même façon que les convers, mais entièrement blancs. Les religieux, dans la maison, mettaient par-dessus leur robe blanche un scapulaire noir à capuce, qu'ils remplaçaient, pour aller au chœur, par une grande coule, ou robe de dessus à larges manches, avec le capuce à mozette, également blanc [1].

1228. En 1228, Richard, évêque d'Évreux, affecta aux frais de l'habillement des moines les revenus de la paroisse de Marcilly-sur-Eure, sur laquelle Foulques, seigneur de Marcilly, Jean de Marcilly, Gohier, seigneur d'Anet, et Robert, seigneur d'Ivry, cédèrent

---

[1] Hélyot, *Hist. des ordres monastiques*, t. V, p. 367, pl. 58 à 64.

tous leurs droits féodaux à l'abbaye du Breuil. Le principal de ces droits était celui de nomination à la cure de Marcilly. Comme les chevaliers donateurs étaient du diocèse d'Évreux, l'évêque Richard confirma leur donation, en des termes absolus, qui étendirent même les droits donnés aux moines du Breuil sur l'église de Marcilly à l'entière propriété de cette église. « *Jus patronatús ecclesiæ memoratæ et ipsam ecclesiam in usus proprios suos retinere concedimus, laudamus, et, auctoritate pontificali, in perpetuum confirmamus, ita tamen quod dictæ ecclesiæ per vicarium idoneum faciant deserviri* [1]. »

Dès lors l'histoire de Marcilly devient inséparable de celle du Breuil.

[1] Pièces justificatives, n° VIII.

SUITE DES PROGRÈS DE L'ABBAYE.

Tout, au moyen âge, concourait à la prospérité des établissements monastiques. Voici deux faits qui montrent comment les biens et la réputation d'une abbaye pouvaient s'accroître, même par des actes émanés de religieux d'une abbaye différente.

L'année de la consécration de l'église du Breuil, Vincent, qui en était abbé, donna au couvent de
1228. Saint-Père de Chartres, la part qu'il possédait dans le moulin du gué de Hardres sur l'Eure, et son droit de pêche [1].

1234. D'un autre côté, six ans après, Guillaume des Fontaines-en-Bray, abbé de Saint-Wandrille, attiré par la célébrité du monastère, quitta son abbaye pour se faire simple religieux au Breuil-Benoît [2].

---

[1] *Gallia christiana.*

[2] « Tantum invaluit odor ac fama hujusce insignis monasterii, ut anno 1234 A. Fontanis (*de Fonteines*), illectus illius amore ac religione, Fontanellensem domum, cui abbas præerat, dimiserit, et habitum ordinis Cisterciensis illic sumpserit, de cætero vitam communem agens, ut privatus monachus. » (*Neustria pia*, p. 788.) Du Monstier avait trouvé le fait constaté dans l'ancienne chronique manuscrite de Rouen, à l'année 1234, où il est dit : « Hoc anno, Willermo de Fontibus, abbate sancti Wandregisili, recepto in monachum cisterciensem, apud Brolium, electus fuit Willermus in abbatem. » (Ibid., p. 175.) On a donc lieu de s'étonner que les auteurs du *Gallia christiana*, à l'article de Saint-Wandrille, n'aient

L'habitation de ce couvent devenait chaque jour plus agréable par les avantages qu'il continuait à recevoir de la pieuse libéralité des seigneurs voisins. Jean de Marcilly avait reconnu, en 1235, dans les termes les plus explicites, ce que les moines du Breuil possédaient en l'étendue de sa terre ; par bénéfice de donations, ventes, cessions, aumônes, et à titres quelconques, s'interdisant contre eux toute réclamation et tout recours au droit civil ou au droit canon. Il avait reçu des moines, à cette occasion, un présent de douze livres tournois[1]. Dix ans après, Gui, sire d'Anet, dont le père, Gohier, avait donné une pièce de terre qui arrondissait le domaine du couvent, du côté de Marcilly, confirma pleinement cette donation de son père, et y joignit sa renonciation au droit de chasse qui lui appartenait dans les vignes et dans les bois du monastère. En abandonnant, pour ces religieux, un droit dont les gentilshommes étaient si jaloux, il n'y mit qu'une seule réserve : le cas où soit un cerf, soit quelque autre bête fauve qu'il chasserait, viendrait à entrer, en fuyant, sur les terres des moines. Ceux-ci seraient tenus de lui livrer passage, ainsi qu'à ses chiens, pourvu qu'il n'y entrât que par une porte ou par quelque autre entrée déjà pratiquée. « *Nisi aliquando contigerit quod cervus vel aliqua de feris magnis, fugiens, loca intraverit supra*

1235.

1245.

point fait mention de ce second abbé Guillaume, qu'ils aient prolongé jusqu'en 1235 le gouvernement de son prédécesseur, en lui donnant pour successeur immédiat Robert d'Automne.

[1] Pièces justificatives, n° IX.

dicta, et tunc per portas seu per ostium aliquod, ad persequendum, me et canes meos introducent monachi supra dicti [1]. »

Cet acte fournit de précieux renseignements sur la situation de plusieurs des terres que possédaient alors les moines du Breuil. Outre les vignes qui faisaient partie du domaine sur lequel était l'abbaye, ils avaient encore d'autres vignes de différents côtés, à certaine distance. Le bois contigu à leur domaine, et appelé *le bois du Breuil,* doit répondre au parc du château actuel. Par échange avec un seigneur de Marcilly, ils avaient annexé à ce bois une pièce de terre nommée le *Coin,* et avaient prolongé autour de cette annexe les fossés dont leur bois était enclos. La partie ainsi ajoutée est probablement la prairie qui s'étend aujourd'hui à l'ouest le long du parc, et est encore comprise dans la propriété. Le fossé d'eau courante qui sépare le parc de cette prairie est appelé dans le pays *canal* ou *rivière de Coesnon* ou *Coinon,* mot qui représente presque identiquement le *Coinum* de la charte latine. D'autres limites étaient marquées par des haies et des clôtures construites, que rend inutiles, dans le fief du Breuil proprement dit, la grande abondance des eaux courantes qui l'entourent de tous côtés.

Une partie de cette augmentation de leurs possessions était arrivée aux moines du Breuil sous le gouvernement de Thibaut de Marly, le plus grand personnage qui figure dans la liste de ses abbés.

[1] Pièces justificatives, n° X.

Le Breuil avait conservé avec les Vaux-de-Cernai, dont il sortait, les liens qui unissaient presque toujours alors les maisons religieuses placées dans cette situation réciproque. Une circonstance remarquable vint les resserrer encore au bout d'un siècle. Bouchard de Montmorency, seigneur de Marly, cousin germain du grand connétable qui ajouta douze alérions aux armes de ses ancêtres, en mémoire des douze enseignes impériales enlevées par lui à la bataille de Bouvines [1], eut pour fils aîné Thibaut, qui suivit d'abord, comme chevalier, la trace glorieuse de ses ancêtres. Mais « prévenu, dit le nécrologe de Port-Royal, d'une grâce puissante qui lui découvrit et lui fit aimer les vrais biens, il préféra l'obscurité du cloître à la grandeur de sa naissance. » Il prit donc en 1226 l'habit religieux [2] aux Vaux-de-Cernai, où il se signala par une dévotion et une humilité extraordinaires ; il en fut élu abbé en 1235. La perfection des vertus chrétiennes dans un personnage d'un si haut rang, fit à cette abbaye un honneur que désirèrent partager plusieurs maisons issues d'elle. Il réunit donc sous son gouvernement non-seulement les célèbres religieuses cisterciennes de Port-Royal-des-Champs [3] et

---

[1] La branche des seigneurs de Marly garda les armes primitives, *d'or à la croix de gueules, cantonnée de quatre alérions d'azur.* Voyez cet écusson aux planches des armoiries.

[2] Des auteurs que nous avons consultés, Godescard est le seul qui place cette prise d'habit en 1220.

[3] Elles lui furent confiées par Guillaume d'Auvergne, évêque de Paris.

celles du Trésor en Vexin, mais l'abbaye du Breuil-Benoît; et il ne paraît pas qu'elle ait eu d'autre abbé jusqu'à sa mort, arrivée le 7 décembre 1247. On remarque dans le nécrologe de Port-Royal, qu'il fit quelque temps sa résidence dans cette maison, où l'on montrait encore, au xviie siècle, l'appartement qu'il avait occupé. Il a dû certainement résider aussi au Breuil, à en juger par le soin qu'il prit d'établir à Dreux le prieuré dépendant de l'abbaye qui fut placé sous l'invocation de Saint-Thibaut, après la canonisation de cet illustre abbé. Car l'Église l'a mis au rang de ses saints, et célèbre sa fête le 8 juillet. Il descendait de Hugues-Capet par sa mère, Mahaud de Rochefort, fille d'une princesse de la maison royale de Courtenai. La foi de son temps attribua au mérite de ses prières la fécondité de Marguerite de Provence, femme de saint Louis, après d'assez longues années d'un mariage stérile [1].

1247.

Ce fut probablement le successeur de Thibaut de Montmorency, qui eut l'honneur de recevoir au Breuil

---

[1] André DU CHESNE, et le père ANSELME, *Généalogies de la maison de Montmorency*; — DU BOUCHET, *Généalogie de la maison royale de Courtenay*; — *L'Art de vérifier les dates*, à la chronologie historique des barons de Montmorency; — *Gallia christiana*, t. VII, col. 889; — *Essais de l'hist. de l'ordre de Cîteaux*, par dom Pierre LE NAIN, t. IX, p. 31; — *Nécrologe de Port-Royal*, t. I, p. 458; — GODESCARD, *Vies des Saints*, au 8 juillet. — A cette date, les Bollandistes annoncent qu'ils renvoient le recueil des actes de saint Thibaut au jour de sa mort; or, comme ils se sont arrêtés au 10 octobre, ce saint est du nombre de ceux dont les actes manquent dans leur savante collection.

l'archevêque de Rouen, Eudes Rigaud. Ce prélat, visitant tous les évêchés de sa province de Normandie, en 1250, arriva dans le diocèse d'Évreux le 26 avril, et le lendemain fut reçu dans notre abbaye. Les moines le défrayèrent [1], ce qui fut de leur part un acte de courtoisie, car toutes les maisons de l'ordre de Cîteaux étaient exemptes du droit de visite et de correction exercé par les évêques [2]. Cette exemption de l'obligation de défrayer, appelée en latin du temps *procuratio*, était un privilége d'une haute importance; car les frais qu'entraînaient ces réceptions forcées étaient souvent ruineux, et c'est l'objet de plaintes, aussi vives que fréquentes, aux papes et aux conciles. Du Cange [3] cite la plainte adressée au pape Innocent III par une église d'Angleterre, obligée de recevoir l'archidiacre de Richmond qui, dans sa tournée, était arrivé avec quatre-vingt-dix-sept chevaux, vingt et un chiens, trois oiseaux de fauconnerie, et toute la suite qu'entraînait un tel équipage. On conçoit aisément que les dépenses dans lesquelles devait induire une telle réception, pouvaient ruiner une maison de fond en comble.

L'archevêque Eudes Rigaud, qui paraît avoir été

---

[1] « V Kl. maii. Apud Brolium, Cisterciensis ordinis, cum expensis monasterii. » (*Regestrum visitationum archiepiscopi Rothomagensis*, publié par M. Th. Bonnin. Rouen, 1847, in-4°, p. 71.)

[2] Dans plusieurs maisons jouissant du même privilége, on voit que le prélat payait sa dépense; et son journal en fait alors la mention expresse : *Cum expensis meis.*

[3] *Glossar. med. et infimæ latinitatis,* au mot *procuratio.*

un homme austère, esclave de ses devoirs, qu'on le voit remplir avec une persévérance et une activité merveilleuses, était sans doute loin de s'abandonner à de tels excès de luxe, et on ne peut douter qu'il ne se soit renfermé dans les prescriptions du concile de Latran, dont les papes ne cessaient de recommander l'observation. Mais l'esprit du moyen âge ne se prêtait jamais à l'entier abandon d'un privilége; les droits d'une charge, d'un office quelconque, étaient un dépôt sacré qu'on devait conserver intact à ses successeurs comme on l'avait reçu de ses devanciers. Aussi quand l'archevêque Rigaud vint une troisième fois dans la vallée de l'Eure, neuf ans après cette première visite, ne pouvant se refuser aux instances d'Aimeri de Muzy, seigneur de Motel, écuyer de son neveu, il consentit à coucher à Motel, au lieu de descendre chez le prieur de Muzy, qui était très-pauvre, endetté et fort mal préparé à une telle réception [1]. Mais comme ce prieur devait à l'archevêque gîte et *procuratio*, il fut obligé de payer, en cette circonstance, l'exemption de son obligation. En considération de sa position difficile, l'archevêque se contenta de cent sous, somme assez considérable alors, mais faible équivalent de ce que lui aurait coûté la réception du prélat; et celui-ci eut soin de consigner dans son journal cette observation : « Il est bien certain cependant que ce prieur est tenu à nous rece-

---

[1] Il put s'en assurer lors de sa première visite, où il constata que, pour avoir des cloches, on avait engagé les chappes de soie.

voir et à nous héberger complétement, toutes les fois que nous remplissons notre devoir de visite dans ce diocèse [1]. »

A la seconde tournée qu'il y fit, en 1255, il fut reçu au Breuil le 7 juillet [2]. Peut-être lui exprima-t-on le regret de ne l'avoir pas vu à la Saint-Eutrope, dont son premier séjour avait été bien rapproché. Il s'arrangea, quatre ans après, lors de sa troisième inspection pour se trouver au Breuil le second jour de cette fête [3]. Ce fut le lendemain que, comme nous l'avons dit, il coucha à Motel.

L'abbé qui le reçut au Breuil le 1er mai était probablement Réginard ou Reynard [4], que nous trouvons mentionné deux ans auparavant comme pourvu de cette dignité.

1255.

1259.

1257.

[1] ... In die ascensionis Domini pernoctavimus apud Motellam in domo Almarici de Musiaco, armigeri nepotis nostri, quia dictus armiger cum multa instancia nos rogaverat super eo, cum prior de Musiaco, qui nos tunc recipere tenebatur et procurare, domos inhabiles habebat ad recipiendum nos. Quanquam vero potuissemus de jure accepisse a dicto priore procurationem integram, tamen quia pauper erat et debitis oneratus, ab ipso tantum accepimus centum solidos, nomine procurationis; et in veritate prior dicti loci tenetur nobis ad procurationem integram quandocumque in dicta dyocesi visitationis officium exercemus. (P. 625.)

[2] VI id. Julii apud Brolium, Cisterciensis ordinis, cum expensis monasterii. (P. 221.)

[3] Kl. maii, videlicet in festo beatorum Philippi et Jacobi, in vigilia Ascensionis, visitavimus abbaciam de Yvereio.... Ipsa die fuimus in abbacia de Brollio, Cisterciensis ordinis, cum expensis ejusdem abbacie. Non computavimus. (P. 625.)

[4] *Gallia christiana*, XI, 664.

1258.   Ce fut lui sans doute qui, l'année suivante, intenta au parlement, contre le bailli de Verneuil, un procès dont le résumé est consigné dans les *Olim*. Les moines du Breuil avaient dans la forêt royale de Croth le droit de bois mort, le droit de panage pour leurs porcs, celui de pâturage pour les grands bestiaux, celui de prendre ce qu'il leur fallait de menues branches de frêne pour les liens de leurs futailles ; enfin, ils y prenaient tout le bois nécessaire pour faire leur provision de charbon. Cette forêt fut vendue ; cent trente arpents environ furent exploités, et les grands arbres furent remplacés par de jeunes taillis. Les moines se plaignirent de cette mesure, qui, selon eux, rendait ces divers droits beaucoup moins productifs, et leur causait une perte annuelle de quarante livres tournois. Le bailli répondit, article par article, à chacun de leurs griefs : qu'un bois de vingt et quelques années était aussi favorable, et même plus, aux jeunes pousses du frêne, aux produits du bois mort, qu'une forêt de haute futaie ; qu'elle suffisait au panage pour la quantité de porcs nécessaire à leurs besoins ; et quant au pâturage des grands bestiaux, que cent arpents seulement de quinze à seize ans valaient mieux que mille arpents de haute futaie. Ces réponses, justes pour la plupart des plaintes, ne le semblent pas également pour toutes. Le droit de bois mort, par exemple, doit être plus avantageux dans une grande forêt. Les moines développaient ce dernier point en disant que rien, dans de jeunes taillis, ne remplaçait la chute des branches que le vent brise sur les grands arbres ; ils rappelaient un autre avantage qu'ils avaient perdu avec la haute futaie, où le Roi envoyait, de temps en temps, couper quelques vieux arbres ; et les copeaux de charpente (*residuum carpentariorum*) étaient d'un très-bon produit pour le monastère. Le bailli répondit qu'un tel bénéfice ne constituait pas un droit d'usage, puisque le Roi n'était pas tenu d'envoyer des charpentiers dans sa forêt, s'il ne le voulait pas. Quant à la vente de ce bois, la preuve que le couvent en avait implicitement reconnu le droit, c'est qu'il s'était rendu adjudicataire d'une portion pour laquelle il payait au Roi sept livres tournois par an. Le parlement donna gain de cause au bailli; et les moines du Breuil durent se repentir doublement d'avoir intenté ce procès : car, dans l'examen de leur charte de concession, on ne trouva point le droit de faire du charbon, qu'ils avaient par conséquent usurpé, et qui leur fut interdit par le jugement [1].

On peut remarquer ici que ces droits d'usage dans les forêts devaient être pour les abbayes la source de revenus considérables. Il est évident, par exemple, que les comtes de Dreux, en donnant, comme on l'a vu, aux moines du Breuil la faculté de prendre, chaque jour, dans la forêt de Dreux, la charge de bois mort d'une charrette à deux chevaux, leur permettaient nécessairement de vendre une partie de ce bois mort, qui devait dépasser de beaucoup les besoins de leur consommation, surtout quand ils cumulaient des

[1] Pièces justificatives, n° XI.

droits analogues dans d'autres forêts, outre tout ce qu'ils tiraient des leurs, qui allaient toujours en s'améliorant et en s'arrondissant de nouvelles donations.

Un des seigneurs de Marcilly, en donnant aux moines le bois du Breuil, s'était réservé le ruisseau voisin et un chemin qu'il faisait pratiquer le long du ruisseau. Son fils Foulques avait achevé ce chemin; mais ce fut, en définitive, au profit de l'abbaye; car, en 1263, d'accord avec sa femme Jeanne, il en céda la propriété aux moines du Breuil, avec celle de la fontaine même, depuis la source jusqu'à l'embouchure dans l'Eure. Il confirma en outre tous les dons de ses ancêtres, et reçut des moines une somme de quarante livres tournois, dont il délivra quittance [1].

1263.

Le gouvernement de l'abbé Raoul Ier, dont on rencontre le nom et la qualité au bas de deux actes qu'il signa comme témoin, en mars 1271 [2], et mai 1277 [3], n'a pas laissé d'autres traces.

1271.
1277.

[1] Pièces justificatives, n° XII.
[2] Cartulaire de Saint-Ouen, cité dans le *Gallia christiana*, XI, 664.
[3] Cartulaire de Bonport, ibid.

DIVERS REVENUS DE L'ABBAYE.

Toutes traces même sont perdues sur l'existence du monastère dans les vingt-trois dernières années du xiiie siècle et la moitié du siècle suivant. Mais il est probable que cette période fut loin d'être infructueuse pour l'augmentation de la fortune des moines, et que dès lors ils avaient étendu leurs terres jusqu'aux portes de Dreux. Un acte de 1350, la première des pièces relatives au Breuil qui soit écrite en français, prouve qu'ils possédaient un vignoble auprès de Dreux, et dans cette ville une maison conventuelle avec titre de prieuré. C'est le prieuré de Saint-Thibaut, dont nous avons parlé ci-dessus. Les càves de cette maison renfermaient une provision de vins assez grande pour qu'ils en vendissent. Par cet acte, l'abbé Jean, sous la réserve des droits de l'abbaye, et tout en protestant comme on n'y manquait guère en pareils cas, se soumet au droit que prétendaient avoir le maire, les pairs et les habitants de Dreux, de faire affirmer sous serment au procureur de l'abbaye ou au prieur de Dreux, que le vin des moines, qui se vend dans leur maison de Saint-Thibaut, provient de leurs propres vignes près de Dreux, et non du *vignon* de la ville, cas auquel le vin serait confisqué au profit de la commune [1].

1350.

[1] Pièces justificatives, n° XIII.

Les noms des quatre successeurs de l'abbé Jean ne nous sont parvenus que dans cinq quittances, l'une de 1386 avant Pâques, l'autre de la fin de 1394, la troisième du mois de mai 1408, la quatrième du 19 mai 1410, et la cinquième du 3 décembre 1440.

1387. Par la première, l'abbé Nicole donne quittance à Louis de Sépoy, prévôt et receveur d'Anet, d'une somme de soixante-quatre sous que les moines avaient à toucher tous les ans à la Toussaint, sur les deniers de la recette d'Anet, pour la célébration du service anniversaire de Louis, comte d'Évreux [1]. Par la seconde, l'abbé Étienne d'Estréchi délivre une quit-

1394. tance semblable au prévôt Gasse Lesenout [2].

Entre les droits utiles que les moines joignaient ainsi aux revenus de leurs riches domaines, ils avaient obtenu du Roi leur provision de harengs pour le carême, à perpétuité. Mais l'abondance et le choix du poisson d'eau douce qu'ils avaient sous la main dans leurs canaux et dans l'Eure, étaient assez propres à leur rendre bientôt cette ressource superflue. Toutefois, la donation royale constituait un droit, et jamais une corporation religieuse ne laissait périmer un droit quelconque. On fit donc évaluer en argent les trois milliers de harengs qui revenaient par an à l'abbaye du Breuil, et ils furent estimés à raison d'un

1408. écu le mille. En conséquence, le 1er juillet 1408, l'abbé Étienne d'Estréchi donne quittance au vicomte

---

[1] Pièces justificatives, n° XIV.
[2] Pièces justificatives, n° XV.

de Pontaudemer, comme représentant le Roi, de la somme de neuf livres tournois, valeur des trois mille harengs dus pour le carême précédent [1].

En 1410, le hareng ne fut estimé que cinquante sous tournois le millier, et l'abbé Raoul II délivra, pour le Roi, au vicomte de Pontaudemer, une quittance de sept livres dix sous [2].

S'il peut être de quelque intérêt de remarquer les fluctuations du prix de cette denrée, dont le commerce a toujours été fort important, nous remarquerons qu'en 1440 le hareng fut évalué à 4 livres 10 sous le mille. Le même abbé Raoul donne donc quittance d'une somme de 13 livres 10 sous [3]. Ce taux reste désormais fixé jusque dans le premier quart du XVIe siècle, où nous conduit la série de ces quittances.

L'abbé Robert Ier délivra la suivante, en 1445, avant Pâques [4].

C'est à l'abbé Amaury Sarradin que sont dues celles de 1451 et de 1454 avant Pâques [5]. La première de ces quittances porte encore le sceau de l'abbé Amaury, sur le haut duquel on distingue une figure de saint, en pied, tenant un livre de la main droite, et, de la gauche, une crosse. Sur sa tête un balda-

---

[1] Pièces justificatives, n° XVI.
[2] Pièces justificatives, n° XVI.
[3] Ibid.
[4] Ibid.
[5] Ibid.

quin ou pendentif; et au-dessous, les armes de l'abbé, qui sont deux chevrons surmontés d'un lambel à deux pendants, et au franc-canton un lionceau [1]. Amaury avait été moine de Noa, avant d'être abbé du Breuil; en cette dernière qualité, il assista, l'an 1458, à l'élection de l'abbé de la Trappe [2].

1458.

[1] Voyez cet écu, ci-après, aux planches des armoiries.
[2] *Gallia christiana*, XI, 663.

HOMMAGE FAIT AU ROI PAR L'ABBÉ.

C'est vers ce temps-là, comme on le verra plus loin, que la seigneurie de Marcilly paraît avoir passé dans la maison d'Estouteville, d'où elle fut portée ensuite par un mariage dans celle d'Alègre. Bien avant, lorsqu'elle appartenait encore à la famille du nom de Marcilly, descendant de cet ancien Foulques, fondateur de l'abbaye, on a vu que ces seigneurs avaient renoncé à tous leurs priviléges et à tous leurs droits seigneuriaux sur les terres concédées par leurs ancêtres, et que les sires d'Anet, dont ils étaient les vassaux, avaient confirmé cette concession. Mais c'était le principe féodal, qu'il n'y a point de terre sans seigneur; et si l'on excepte les prétentions de quelques francs fiefs, comme le petit royaume d'Yvetot, toute seigneurie en France arrivait à la suzeraineté royale, soit indirectement par une suite d'intermédiaires plus ou moins nombreux, soit directement. L'abbaye du Breuil, affranchie du vasselage envers ses seigneurs immédiats, dut donc prêter foi et hommage au Roi; et nous voyons en effet Maury ou Amaury de Faverolles se rendre à Paris, et, le 24 février 1485, en sa qualité d'abbé du Breuil, faire au Roi, entre les mains du chancelier de France, le serment de fidélité auquel il était tenu pour le tem- 1486.

porel de son abbaye. Charles VIII accorda, en conséquence, des lettres-patentes, en date du même jour, signées Budée, pour donner acte de cet hommage à l'abbé du Breuil, afin qu'il s'en prévalût pour tous les droits que lui conférait l'accomplissement de ce devoir. Le 28 septembre suivant, ces lettres-patentes furent notifiées à Sanson Patry, écuyer, vicomte d'Évreux, par Alexandre et Michel de Robillard, tabellions jurés en la vicomté d'Évreux, qui attestèrent avoir vu, tenu et lu mot à mot l'original de ces lettres, scellées de cire jaune sur simple queue, avec le mandement des maîtres des comptes et trésoriers de France, rendu le lendemain 25 février, et signé de Montmirel, plus le mandement de M. Robert Auvray, écuyer lieutenant général de noble homme monseigneur Jehan de Hangest, chevalier, seigneur de Genly, conseiller, chambellan du Roi notre sire et son bailli d'Évreux, pour ôter tout empêchement à la main levée et pleine délivrance du temporel de l'abbaye, suivant l'avis de honorable homme et sage, maître Mathieu Aubert, licencié ès lois, avocat, et Richard Boullant, écuyer, procureur du Roi au bailliage d'Évreux. Les copies de ces trois pièces, attachées ensemble, et revêtues du petit scel aux causes du bailliage, furent remises par les tabellions au vicomte d'Évreux, qui y apposa le sceau des obligations de la vicomté [1].

[1] Pièces justificatives, n° XVIII.

FAIBLES TRACES PENDANT UN DEMI-SIÈCLE. — RELATIONS AVEC LE DIOCÈSE DE PARIS.

Au mois de décembre de l'année précédente 1485, Maury de Faverolles avait délégué frère Guillaume Dupuis, religieux, bailli et procureur de l'église du Breuil, pour signer une quittance scellée, de 7 livres 10 sous tournois, à délivrer au Roi et au vicomte de Pontaudemer, entre les mains de Jean Thuffes, commis à la recette du domaine de cette vicomté. Cette somme était le prix des trois milliers de harengs dus pour l'année 1482.

1485.

On voit que le payement de la redevance était en retard lors de cette quittance. Un retard bien plus grand est constaté par la quittance suivante, délivrée toujours par le même abbé, le 8 novembre 1487. Il y donne à Guichard d'Albon, vicomte de Pontaudemer, quittance de la somme de 52 livres 10 sous tournois, due tant pour les années 1485, 1486 et 1487, que pour le reliquat des années 1483 et 1484 [1]. Au bas de cet acte est attaché le sceau de l'abbé, portant, au-dessous de la figure du saint patron, représenté comme dans le sceau d'Amaury Sarradin, un écu à trois chevrons [2], et pour légende : 𝔖igillum 𝔐aurini

1487.

---

[1] Pièces justificatives, n° XIX.

[2] L'écu est penché, comme nous l'avons fait représenter ci-après

abbatis de Brolio Benedicti, ordinis Cisterciensis. La terre de Faverolles, dont cet abbé portait le nom, est située à une lieue au nord-ouest du Breuil. Ce fut encore lui qui délivra les quittances qui nous sont parvenues en date des années 1492 et 1515 avant Pâques, pour la redevance des années précédentes [1]. Il mourut en 1520, d'après l'épitaphe qui se lisait sur une dalle placée dans le sanctuaire de l'église du Breuil et où il était représenté la crosse en main : **Mauricius de Faverolles abbas ✝ M vᶜ xx** [2]. Toutefois il dut résigner son abbaye entre l'année 1516, date de sa dernière quittance, et l'année 1518, dont nous avons encore une autre quittance, mais délivrée au nom de l'abbé Robert II, par dom Louis le Mesurier, procureur, receveur et bailli de l'abbaye [3].

Dans le naufrage des titres du passé, trop souvent le hasard seul fait surnager les pièces éparses qui nous conservent la trace de quelques faits. Ainsi, dans notre modeste sujet, voilà le xvᵉ siècle tout entier représenté seulement par l'acte d'hommage d'un abbé et par cette série de sèches et monotones quittances. Réduit à ces uniques ressources, nous en tirons ce qu'elles peuvent nous fournir de légitimes inductions ; car l'historien ne doit rien avancer qu'il ne puisse

---

aux planches des armoiries. On aperçoit encore quelques traces des mêmes armes dans un des écussons sculptés sur les clefs de voûte de l'église, du côté du chœur.

[1] Pièces justificatives, n° XIX.
[2] Bibl. bodléienne à Oxford, collection de Gough, n° 149.
[3] Pièces justificatives, n° XIX.

prouver; ses conjectures mêmes ne sauraient être tout à fait gratuites : elles doivent procéder d'une analogie d'observations, dont il soit en mesure de justifier la source et l'objet.

Si nous n'avons aucun renseignement historique sur l'abbaye du Breuil pendant le xve siècle, l'histoire générale contemporaine nous autorise à supposer que, durant la première moitié de ce siècle, ses religieux eurent leur part des maux de l'invasion anglaise, dont la Normandie ne fut entièrement délivrée qu'en 1450. Ces luttes acharnées pour la défense du territoire n'excitaient plus en faveur des couvents la piété des seigneurs, comme autrefois les guerres saintes; et dès lors le cours des donations pieuses dut cesser d'être en progression croissante. La fin du règne de Charles VII, ceux de Louis XI, de Charles VIII et de Louis XII, ramenèrent enfin des temps plus prospères, dont les monastères durent profiter, pour jouir du moins paisiblement des biens dont la faveur des premiers siècles les avait enrichis, et pour continuer à les faire fructifier et à les étendre. Sans doute aussi le retour du calme, sinon d'une pleine paix, qui ne fut guère dans les allures du moyen âge, leur permit de donner au culte tout son développement, à la satisfaction publique. Ainsi, dans la partie du doyenné de Verneuil où était située notre abbaye, la présence de ses moines dut contribuer à solenniser les principales cérémonies du voisinage. Ils assistèrent sans doute, en 1508, aux obsèques du 1508. seigneur de Louye, de la maison de Dreux, qui descendait de Louis le Gros à la neuvième génération. Ses ancêtres sont au nombre des principaux bienfaiteurs de l'église du Breuil, qu'ornait, en plusieurs endroits, leur écusson *échiqueté d'or et d'azur, à la bordure de gueules* [1].

Ce seigneur, mort à plus de quatre-vingts ans, sous Louis XII, avait servi sous les trois règnes précédents, notamment comme l'un des hommes d'armes de la compagnie du duc de Guyenne, en 1470, et pendant les années suivantes. Il se nommait Gauvain de Dreux, troisième du nom, était fils de Robert de Dreux et de Guillemette de Ségrie, et avait pour arrière-grand'-tante Philippes de Dreux, femme de l'amiral Béhuchet, seigneur de Louye. Il était lui-même baron du Frêne, seigneur de Pierrecour, de Muzy, de Louye, de Saint-André-en-la-Marche, d'Argères et de Monville. Il fut inhumé à Louye, dans l'épaisseur du mur intérieur qui sépare le milieu de l'église d'avec la chapelle seigneuriale [2].

On ne peut guère douter que le concours des religieux du Breuil et la sanction de leur présence ne fussent alors invoqués avec un empressement général. Nous avons montré, au début de cet opuscule, comment la régularité d'un monastère était la source

[1] Voyez aux planches des armoiries.
[2] André du Chesne, *Hist. de la maison de Dreux*. — Le P. Anselme, t. I, p. 440, D. — M. Gabriel d'Arjuzon, neveu du comte de Reiset et petit-fils du comte d'Arjuzon, propriétaire actuel du château de Louye, a composé, d'après les sources les plus sûres, une notice intéressante sur la succession des seigneurs de ce domaine, depuis le XIIe siècle jusqu'à nos jours.

principale de sa réputation et de sa prospérité, en lui
attirant la confiance et la vénération des peuples.
Or les traces diverses rassemblées ici de l'histoire du
Breuil fournissent assez d'actes ayant ce caractère,
pour permettre d'en conclure que cette maison resta
longtemps fidèle aux règles de saint Bernard. André
du Houssay nous apprend que le corps de sainte Agnès,
apporté de Rome à Utrecht, au xe siècle, fut, de là,
transféré au Breuil-Benoît, où il devint tellement célèbre que la paroisse de Saint-Eustache à Paris, placée primitivement sous l'invocation de cette sainte,
fit intervenir, en 1545, le pape Paul III, pour obtenir
le partage de ces reliques avec notre abbaye. Celle-ci
garda le chef de la sainte, et accorda à l'église Saint-
Eustache la plus grande partie du corps, que l'évêque
de Margate, abbé de Saint-Magloire, vint chercher 1545.
en grande pompe au Breuil, et qu'il apporta à Paris
trois jours après. Cette relique y fut d'abord exposée
à l'abbaye de Saint-Magloire, où le curé de Saint-
Eustache, suivi de tout son clergé et de tous les fidèles
de la paroisse, vint la chercher processionnellement
pour la translation définitive [1].

Au milieu du xvie siècle paraît au Breuil le premier abbé commendataire. Avec lui commence une
dernière période dans l'histoire de cette abbaye.
Avant d'en recueillir les vestiges, essayons de suivre
la seigneurie de Marcilly dans les différentes maisons
où elle passe successivement, au sortir de la famille
des fondateurs du Breuil.

[1] *Martyrologium gallicanum*, au 21 janvier, au 18 et au 20 avril,
et *Neustria pia*, p. 788.

SUCCESSION DES SEIGNEURS DE MARCILLY.

Le dernier rejeton mâle de cette antique famille, dont nous trouvions la trace, est Foulques de Marcilly, qui, après avoir épousé en premières noces Guillemette d'Ivry, se remaria en 1387 avec Jeanne de Beauvilliers. La concordance de l'époque, du nom et du titre seigneurial portent à reconnaître une fille de son premier mariage dans Catherine de Marcilly, baronne d'Ivry, qui épousa Ambroise de Loré, prévôt de Paris. Ceux-ci eurent pour fille Ambroise de Loré, dame de Muzy, baronne d'Ivry, qui épousa Robert d'Estouteville, seigneur de Beyne et de Saint-André-en-la-Marche, prévôt de Paris, et mourut en 1466. Par conséquent, Catherine de Marcilly, mère de cette dame d'Estouteville, devait vivre dans la première moitié de ce siècle; et ainsi elle est très-probablement la fille de Foulques de Marcilly, marié, comme on vient de le voir, dans la dernière partie du siècle précédent, avec Guillemette d'Ivry[1] : ce qui explique à la fois son nom de Marcilly et sa baronnie d'Ivry.

On peut encore conjecturer, en toute vraisemblance, que Foulques de Marcilly n'avait pas eu de

---

[1] Le P. Anselme, t. IV, p. 726 b.

fils de son premier mariage, puisque la fille de ce premier lit hérita de sa mère la baronnie d'Ivry. Mais comme ni cette dame, mariée à Ambroise de Loré, ni leur fille Ambroise ne possédèrent la seigneurie de Marcilly, il s'ensuit que, de leur vivant encore, la famille de Marcilly s'était continuée par les mâles.

Ambroise de Loré, épouse de Robert d'Estouteville, eut de lui Jacques d'Estouteville, seigneur de Beyne, de Blainville, baron d'Ivry et de Saint-André-en-la-Marche, chambellan du roi Louis XI et prévôt de Paris [1], lequel était ainsi, par sa mère, arrière-petit-fils de Foulques de Marcilly.

Ce Jacques d'Estouteville épousa Gillette de Coëtivy, dont le père était Olivier de Coëtivy, seigneur de Taillebourg, sénéchal de Guienne, et la mère Marguerite, fille de Charles VII et d'Agnès Sorel. Ils eurent pour fille Marie d'Estouteville, que nous trouvons qualifiée, entre autres titres [2], dame de Marcilly-sur-Eure. C'est donc entre son père et elle que dut s'éteindre la lignée mâle des Marcilly, dont elle se trouva probablement la plus proche héritière, comme ayant pour trisaïeul, Foulques de Marcilly, qui vivait en 1387.

La maison d'Estouteville, où nous voyons ainsi entrer la seigneurie de Marcilly, est une famille considérable dans notre histoire. Une lettre de du Plessis-Mornay affirme que c'était une des branches de sa

[1] Le P. Anselme, VII, 710 c.
[2] Ibid., VIII, 99 A.

maison. Elle était déjà puissante en Normandie au xie siècle, puisque Robert Ier, sire d'Estouteville et de Vallemont, fut un des seigneurs qui suivirent Guillaume le Bâtard à la conquête de l'Angleterre en 1066. Cette maison se ramifia en plusieurs branches puissantes. C'est à la branche des seigneurs de Torcy qu'appartenait Guillaume d'Estouteville, grand-maître et général réformateur des eaux et forêts de France, qui épousa Jeanne, dame d'Ondeauville, etc., dont il eut, pour troisième fils, Robert d'Estouteville, tige du rameau des seigneurs de Beyne, lequel fut chambellan des rois Charles VII et Louis XI, et prévôt de Paris, en 1446. Il mourut le 3 juin 1479. Ce fut lui qui s'allia, comme nous l'avons dit, à la famille de Marcilly, par son mariage avec Ambroise de Loré, fille de Catherine de Marcilly et d'Ambroise de Loré, prévôt de Paris.

Cette charge était des plus considérables. Le prévôt de Paris était le juge d'épée de cette importante prévôté; et tous les jugements de ce genre étaient rendus par lui, ou, en son nom, par ses lieutenants. En temps de guerre, il assemblait dans son hôtel la noblesse de la prévôté et la conduisait à l'armée.

Jacques d'Estouteville succéda à son père dans cette charge, que sa fille Marie porta dans la maison d'Alègre avec la seigneurie de Marcilly[1].

[1] Ibid. Les armes d'Estouteville étaient : *Burellé d'argent et de gueules de dix pièces, au lion de sable brochant sur le tout.* (Voyez cet écu aux planches.)

La maison d'Alègre portait : *De gueules à la tour d'argent ma-*

Cette maison, dont le premier nom est de Tourzel, auquel s'était substitué peu à peu celui d'Alègre, était devenue très-considérable dans le xve siècle.

Le seigneur de ce nom qu'épousa Marie d'Estouteville, était Gabriel, baron d'Alègre, dont le père, Yves II, avait été successivement conseiller de Charles d'Anjou, roi de Naples et de Sicile, gouverneur de la Basilicate et du duché de Milan, pour les rois Charles VIII et Louis XII; car il avait fait sous ces princes les campagnes d'Italie. Il avait épousé en 1474 Jeanne de Chabanes, fille de Geoffroi de Chabanes, seigneur de la Palice; et il avait eu de ce mariage, d'abord Jacques d'Alègre, seigneur de Viveros, tué sous ses yeux à la bataille de Ravenne, en 1512, sans laisser d'enfants. Gabriel, son second fils, devenait ainsi l'aîné, et fut marié l'année suivante, le 26 avril, avec la demoiselle d'Estouteville, au père de laquelle il avait succédé, comme prévôt de Paris, dès le 1er mars de l'année précédente. Gabriel d'Alègre était en outre seigneur de Saint-Just et de Millau, maître des requêtes, conseiller et chambellan du roi Louis XII, qu'il servit avec beaucoup de réputation sous le nom du capitaine d'Alègre. Il était compagnon d'armes du chevalier Bayard, et reçut le dernier soupir de ce grand homme, en 1524, à la retraite de Rebec, où fut aussi tué son oncle Jean de Chabanes, seigneur de Vandenesse. Sa mère avait encore pour

---

çonnée de sable, accostée de six fleurs de lis d'or posées en pal. (Voyez aux planches.)

5.

frère, Jacques de Chabanes, seigneur de la Palice, maréchal de France, capitaine général de cinq cents hommes d'armes et grand-maître de France, qui mourut en héros à la bataille de Pavie, livrée malgré ses conseils. Gabriel d'Alègre, seigneur de Marcilly, eut l'honneur de recevoir, en 1532, le roi François Ier à Caen, dont il était bailli d'épée.

Gabriel d'Alègre et Marie d'Estouteville eurent d'abord trois fils, qui moururent sans laisser d'enfant. Le troisième, Yves d'Alègre, qui mourut en 1577 avait obtenu l'érection de la baronnie d'Alègre en marquisat. Il était, en outre, chevalier de l'ordre du Roi, échanson de S. M., capitaine de cinquante hommes d'armes de ses ordonnances, seigneur de Mezy-sur-la-mer et de Marcilly-sur-Eure [1].

Christophe d'Alègre, le quatrième fils de Gabriel d'Alègre et de Marie d'Estouteville, devint le chef de sa maison après ses trois frères aînés, morts sans enfants [2]. Il avait épousé Antoinette du Prat, sa tante

---

[1] Le P. Anselme, Généalogie de la maison de Tourzel; Moréri, au mot *Alègre*, et les titres manuscrits originaux de la paroisse de Saint-Georges-sur-Eure.

C'est très-probablement le souvenir de la famille d'Alègre dans la seigneurie de Marcilly, et le nom populaire du capitaine d'Alègre, seigneur de ce lieu, compagnon d'armes de Bayard, qui ont fait supposer gratuitement à l'auteur du petit livre intitulé *La Science sublime*, etc., que le premier Foulques de Marcilly, fondateur du Breuil, était un d'Alègre; erreur qu'il serait parfaitement inutile de réfuter, si elle n'était encore répandue dans tout le pays.

[2] Il est qualifié marquis d'Alègre, seigneur de Saint-Just, d'Oisery, Blainville, Mezy-sur-la-Mer, Marcilly-sur-Eure, et baron

à la mode de Bretagne, fille d'Antoine du Prat, seigneur de Nantouillet, prévôt de Paris. Il mourut à Rome en 1580.

Dans le partage de ses biens, la baronnie de Saint-André et la seigneurie de Marcilly-sur-Eure passèrent à sa dernière fille, Marguerite d'Alègre, qui les apporta, par son mariage, dans la famille du Fay, dont les armes sont *de gueules à la croix d'argent, cantonnée de quatre molettes du même* [1].

Les preuves de noblesse de la famille du Fay ou du Faï remontaient jusqu'à la première moitié du XIIe siècle. Dès cette époque on trouve ces seigneurs en possession de la charge de vicomte de Pontaudemer [2].

Georges du Fay, qui épousa Marguerite d'Alègre, était le fils aîné de Pierre du Fay et de Françoise de Pardieu de Boudeville. Il avait les titres de baron de la Mésangère, seigneur de Gaillon, Condé, Carisis, Boscherville, vicomte de Pontantou et de Pontaudemer, conseiller du Roi, gentilhomme ordinaire de sa chambre, lieutenant de S. M. au gouvernement de Quillebœuf, et il fut nommé en 1607 chevalier de Saint-Michel.

Georges du Fay et Marguerite d'Alègre eurent pour fils Pierre du Fay, baron de la Mésangère et de Saint-André-en-la-Marche, seigneur des Hayes, du

---

de Saint-André-en-la-Marche. (Titres manuscrits de la paroisse de Saint-Georges-sur-Eure.)

[1] Voyez aux planches.
[2] Généalogie du Fay, au Cabinet des titres à la Bibliothèque du Roi.

Tart, du Bois Bénard, de Baucheville, Saint-Laurent-des-Bois, Condé-sur-Rioule, Saint-Léger, Saint-Urion [1], Formery, Beuzeville, Carizy, la Mothe d'Alaincourt, Vrionet [2], Coudray, Gaillon, Saint-Philibert-sur-l'Isle et Marcilly-sur-Eure, chevalier de l'ordre du Roi, gentilhomme ordinaire de sa chambre, conseiller d'État, mestre de camp d'un régiment de cavalerie légère, et chef du vol pour pie, pour les plaisirs de S. M., dans la grande fauconnerie de France. Nous trouvons dans les titres de la paroisse de Saint-Georges-sur-Eure, de nombreux actes de foi et hommage qu'il reçut de 1621 à 1669. Il avait épousé Charlotte du Prat. Ce fut sans doute leur fils, du nom de Pierre, dont la veuve Catherine Formier, agissait en 1709 comme gardienne de son petit-fils, marquis de Saint-André-en-la-Marche, seigneur de Marcilly-sur-Eure, etc. [3], lequel était encore en minorité.

Jusqu'ici nous avons suivi sans interruption la succession de la seigneurie de Marcilly, de famille en famille; mais nous ne pouvons, malgré nos recherches, constater par quelle alliance cette terre passa de la famille du Fay dans la famille Dyel, entre cette année 1709, où nous voyons le sieur du Fay, encore mineur, désigné comme seigneur de Marcilly, et l'année 1734, où nous trouvons pour la première fois

---

[1] Écrit aussi : *Saint-Thurion*.
[2] Ou *Urionet*.
[3] Titres originaux, dans les archives de la paroisse de Saint-Georges-sur-Eure.

avec la même qualité Louis-François Dyel, seigneur du Parquet [1].

La famille Dyel, au pays de Caux en Normandie, remontait à Robert Dyel, qui vivait en 1150.

Les Dyel s'illustrèrent dans le service de la marine par de longs et brillants services héréditaires. Ce fut Pierre Dyel qui fit la conquête des Antilles françaises, et en fut le premier gouverneur. Il était né en 1580, et mourut sans enfants, en 1636. Son neveu Jacques Dyel, chef de la branche des seigneurs du Parquet, s'était trouvé avec lui à l'établissement des Français dans l'île de la Martinique, dont il fut nommé gouverneur en 1650, et qu'il acheta entièrement de la compagnie des Indes. Son fils, Louis Dyel, seigneur du Parquet et de Bremien, eut de Catherine de Grillet de Saint-Trivier, Louis-François Dyel, chevalier, seigneur du Parquet, de Flaget, du Bremien, de Marcilly-sur-Eure, Saint-Laurent-des-Bois et autres lieux, lieutenant-colonel du régiment de Saint-Simon, cavalerie, et chevalier de Saint-Louis, mort en 1768. Il avait épousé sa cousine, mademoiselle de Grillet, fille du comte de Saint-Trivier, dont il eut deux enfants. Le fils, Jacques-François-Alexis Dyel du Parquet, mar-

---

[1] Papiers de la famille Rivay, au hameau de la Croix-du-Breuil. Outre ce premier aveu rendu à Louis-François Dyel, comme seigneur de Marcilly en 1734, les mêmes papiers en conservent deux autres de l'année 1744; et il y en a un quatrième, de 1746, à Saint-Georges-sur-Eure, dans les archives de la paroisse. Ces renseignements locaux ajoutent plusieurs détails aux notions fournies sur la famille Dyel par LA CHESNAIE DES BOIS, *Dictionnaire de la noblesse*.

quis de Marcilly-sur-Eure, seigneur de Bremien, de Gratheuil et de Montulay, major aux gardes françaises et chevalier de Saint-Louis, mourut sans enfants de son mariage avec Marie comtesse Desnos, sœur aînée de la duchesse de Beauvilliers. Denise-Françoise Dyel de Fontenelle, fille de M. du Parquet, née en 1720, reçut alors, par l'héritage de son frère, la terre de Marcilly-sur-Eure, qui était restée pendant deux générations dans sa famille. Les armes des Dyel sont : *d'argent au chevron de sable, accompagné de trois trèfles d'azur* [1].

Comme si cette petite seigneurie de Marcilly eût dû se rattacher à toutes sortes d'illustrations, la dernière famille qui la posséda avait donné à la France un chancelier dans la personne de Nicolas du Bosc, nommé à cette dignité sous Charles VI en 1397. Car mademoiselle Dyel avait épousé, le 19 février 1736, au château de Bremien ou du Bremien, près de Marcilly, Antoine du Bosc de Vitermont, seigneur et patron de Grossœuvre, Prey, Thomer, Cissey, baron de Garencières, etc., chevalier de Saint-Louis, fils d'Adrien du Bosc [2], et de Catherine de la Luzerne. Il ne vivait plus

---

[1] Voyez les armes de Dyel, aux planches.

[2] Adrien du Bosc est qualifié seigneur de Vitermont, de Coquereaumont, de Queutteville, de Quesigny, de Grossœuvre, de Mousseaux, d'Espreville, baron de Garencières, lieutenant au régiment des gardes françaises. Outre la Généalogie du Bosc dans le P. Anselme, et ce qui concerne la même famille dans le Dictionnaire de la Chesnaie des Bois, nous tenons encore des renseigne-

le 10 mars 1778, date d'un aveu rendu à sa veuve [1].
Ils eurent quatre enfants, dont l'aîné, Antoine-François du Bosc, est qualifié, dans un aveu de 1787 [2], marquis de Vitermont, capitaine aux gardes, brigadier des armées du Roi, chevalier de l'ordre royal et militaire de Saint-Louis, seigneur et patron de Grossœuvre, etc. Il fut le dernier seigneur de Marcilly-sur-Eure, qu'il possédait en 1789. Il était né le 9 février 1737 au château de Grossœuvre, où il est mort le 10 mars 1826.

Les armes de la famille du Bosc sont *de gueules à une croix échiquetée d'argent et de sable de trois tires, cantonnée de quatre lions d'or, lampassés d'azur* [3].

---

ments directs de notre savant confrère M. Monmerqué, allié de la famille du Bosc.

[1] Papiers de la famille Rivay, à la Croix-du-Breuil. Dans cet aveu, après les titres de son mari défunt, Mme de Vitermont est qualifiée, de son propre chef, dame de Marcilly-sur-Eure, Saint-Laurent-des-Bois, Montulay, la Place et autres lieux.

[2] Papiers de la famille Lamy, à Marcilly.

[3] Voyez aux planches des armoiries.

ABBÉS COMMENDATAIRES.

Il nous a paru nécessaire, pour faire comprendre la transmission de la seigneurie de Marcilly par cette suite d'alliances que nous avons pu retrouver depuis la première partie du XIIe siècle, jusqu'à la fin de l'ancien régime, d'anticiper ainsi sur les temps modernes. Aussi bien, au point où nous avons laissé les annales du Breuil, commence pour cette abbaye la période qu'on peut appeler moderne, par l'introduction de la commende.

La forme première de l'élection, pour la nomination des abbés, avait été remplacée, avec le temps, par le choix du Roi et l'investiture du pape. Dans cette seconde période, lorsqu'il n'était pas immédiatement pourvu à la vacance d'une abbaye, le pape confiait l'administration du temporel à un délégué nommé *commendataire*, dont la charge, dite *commende*, n'était ordinairement que pour six mois. Vinrent ensuite, par un des graves abus que l'Église ait eu à déplorer, les commendes à vie, qui donnèrent à des abbés commendataires, affranchis de la règle et parfois même simples tonsurés, la jouissance et la libre disposition du revenu d'une abbaye, à la seule charge de pourvoir convenablement à l'entretien des moines et de la propriété. Or, ces frais-là prélevés, il restait encore, dans un grand nombre d'abbayes, des rentes propres à contenter tous les degrés d'ambition, depuis les mille ou douze cents livres que pouvait rapporter au commendataire une abbaye sans renom, ou confinée dans une province pauvre et sans débouchés, jusqu'aux 45,000 livres de Cluny, aux 65,000 de Corbie, aux 80,000 de Fécamp, aux 150,000 de Saint-Germain des Prés; et cela d'après le taux évalué sur la feuille des bénéfices du règne de Louis XV, ce qu'il faudrait à peu près doubler pour en avoir la valeur actuelle.

Avec ces magnifiques priviléges des abbés commendataires, l'abondance n'avait pas cessé de régner dans les menses conventuelles, et les religieux pouvaient y satisfaire largement les goûts particuliers à chaque ordre, soit pour les savantes recherches de l'histoire et des antiquités sacrées et profanes, comme les Bénédictins, les Augustins, soit, comme les Bernardins des derniers temps, pour des occupations plus sensuelles et d'un genre bien moins élevé. On s'explique un tel ordre de choses, en se rappelant, d'une part, quelle suite de riches donations s'était accumulée, avec les siècles, dans ces établissements impérissables et essentiellement conservateurs; d'un autre côté, en remarquant, depuis une certaine époque, la diminution constante du nombre des simples religieux dans les couvents. Telle abbaye qui, au temps le plus florissant de la vie monastique, avait compté ses religieux par centaines, contenait souvent à peine une douzaine d'individus dans les ordres relâchés (et presque tous l'étaient devenus). Moins il y avait de religieux, plus se trouvait fructueux le partage de la mense conventuelle ; et les abbés commendataires étaient bien loin de s'opposer à cette diminution du nombre des moines, car c'était alors comme une solidarité d'abus, qui n'eût pas existé si les monastères fussent revenus aux proportions de leur institution primitive.

Les commendes devinrent donc un des fruits les plus recherchés de la faveur. Dans le xve siècle et les suivants, cet abus n'eut plus de bornes ; il accumula entre les mains d'un petit nombre d'hommes en crédit les plus beaux revenus du clergé, composant ainsi des fortunes colossales qui se dépensaient à la cour en toutes sortes de délices et de somptuosités mondaines. Ce fut une des occasions de la réforme de Luther, et la ruine de l'esprit monastique en France. Pas de famille puissante qui ne cherchât à réunir le plus qu'elle pouvait de ces abbayes en commende, à commencer le plus près du trône. Le cardinal de Bourbon, frère du roi de Navarre Antoine, et oncle de Henri IV, celui-là même dont la Ligue fit un fantôme de roi sous le nom de Charles X, réunissait à son archevêché de Rouen les abbayes de Saint-Denis en France, de Saint-Germain des Prés-lès-Paris, de Saint-Ouen et de Sainte-Catherine de Rouen, de Bourgueil, d'Orcan, de Jumiéges, de Corbie, de la Couture-de-Signy, de Montebourg, de Vallemont, de Perseigne, de Saint-Germer, des Chastelliers, de Froidmont, de Saint-Étienne de Dijon, de Saint-Lucien de Beauvais et de Saint-Michel de l'Herm. Le cardinal de Lorraine, fils de Claude, premier duc de Guise, et archevêque de Reims [1], possédait comme abbé commendataire Montierneuf, Cluny, Marmoutier, Cormeri, Fécamp, Saint-Martin de Laon, Saint-Remi de Reims, Saint-Denis en France, Montier en Der, et Saint-Urbin de Châlons.

Le domaine du Breuil était d'un trop bon produit pour échapper aux abbés commendataires; mais il ne paraît pas qu'il soit tombé au milieu de ces longues listes du cumul d'un seul; et la beauté des lieux eut du moins le privilége de voir ces usurpateurs du titre abbatial se plaire dans un si attrayant séjour, l'embellir encore, et bientôt même le rendre (suivant une expression de la Bruyère) digne d'eux et de leur fortune.

Le premier qui tint l'abbaye du Breuil en commende fut Henri le Maire, qui vivait en 1551 [2]. Son nom et cette date sont les seules notions qui nous soient parvenues sur lui. Il est très-probable que son successeur, l'abbé le Moine [3], et Crépinien Vignier, successeur de celui-ci, dont on trouve les traces en 1577 et en 1588 [4], étaient également commendataires.

1551.

---

[1] Son oncle, auquel il succéda dans l'archevêché de Reims, avait possédé à la fois, comme titulaire ou administrateur, douze siéges épiscopaux ou archiépiscopaux, et neuf abbayes considérables.

[2] *Gallia christiana.*

[3] Ibid.

[4] Ibid.

Sous ce dernier, le prieur de l'abbaye se nommait Pierre de More. Avec les commendataires, quelquefois simples sous-diacres, comme le cardinal de Vendôme, cousin de Henri IV, c'était au prieur qu'étaient dévolues les fonctions religieuses de l'abbé. Dans les relations de ces abbayes avec leur voisinage, presque toujours le prieur agissait comme représentant du monastère. Au Breuil même, où la commende n'empêcha pas le séjour de la plupart des abbés, on voit figurer honorablement plusieurs prieurs. Ainsi Pierre de More fut un des bienfaiteurs de la paroisse de Marcilly, à laquelle, en 1580, il fit donation d'un pré qu'il possédait dans la seigneurie de Brazais, en demandant au retour, pour le repos de son âme, les prières d'un service annuel et la *recommandation* aux quatre grandes fêtes de l'année [1].

1580.

Nous observons plus d'une fois cette dévotion des religieux du Breuil pour la paroisse de Marcilly. L'exemple le plus remarquable en est donné par un abbé dont le gouvernement dut être, dans les temps modernes, l'époque la plus brillante du monastère : Denis Hurault, successeur de Crépinien Vignier. Il fit à la paroisse de Marcilly un legs considérable pour la célébration annuelle d'un obit, dont toutes les cérémonies sont spécifiées avec détail dans l'acte passé à cet effet entre lui et le conseil de fabrique de l'église [2]. Il fut sans doute aussi libéral envers son abbaye. La

---

[1] Pièces justificatives, n° XX.
[2] Pièces justificatives, n° XXI.

relique de saint Eutrope reçut de lui une châsse nouvelle, en bois sculpté, ornée de ses armes, surmontée de sa mitre et de sa crosse, et qui, retrouvée par le comte de Reiset, se conserve aujourd'hui, soigneusement restaurée, dans le château du Breuil. Enfin ce château même, manoir abbatial des commendataires, peut aussi avoir été construit par le même prélat. A juger, il est vrai, d'après l'élégance, comparativement assez moderne, de la construction, le château semblerait plutôt appartenir au règne de Louis XIII qu'à celui de Henri IV, sous lequel vivait l'abbé dont nous parlons. Mais il ne faut pas perdre de vue que les Hurault étaient alors à l'apogée de la faveur, et que ces privilégiés de la fortune, dans les monarchies absolues, ont à leur disposition les artistes d'élite, qui, en tout temps, marchent les premiers, traçant la voie que doivent suivre ceux qui viendront après eux.

La famille des Hurault, déjà considérable au xive siècle, était devenue l'une des plus puissantes du royaume, dans la seconde moitié du xvie, par l'élévation de Philippe Hurault, comte de Chiverny, à la dignité de chancelier de France, qu'il occupa sous Henri III et Henri IV. L'histoire de ces règnes nous montre ce qu'était alors, pour toute une famille, la possession d'une telle charge. Loin d'avoir scrupule du népotisme, on s'en faisait une gloire. Le lustre d'une puissante famille était comme un faisceau de tout l'éclat de ses divers membres. L'abbé du Breuil, par son père, était parent assez éloigné du chancelier ; car les seigneurs de Vibraye, d'où sortait le rameau des comtes de Chiverny, s'étaient détachés de la branche aînée trois générations avant celle à laquelle appartenait, dans cette ligne, Denis Hurault, abbé du Breuil. Son grand-père, et le père du chancelier, étaient seulement cousins issus de germains. Mais le chancelier était de plus son oncle maternel ; car son père [1] avait épousé, avec dispenses, Marie Hurault, la propre sœur du chancelier. Cette double parenté était plus que suffisante à la fortune de l'abbé Denis, qui réunit à l'abbaye du Breuil celle de la Pelisse, et fut donné pour coadjuteur à Mathurin de la Saussaye, évêque d'Orléans,

1581. par bulles du 26 janvier 1581. L'année suivante, il fut nommé successeur de ce prélat, prêta en cette qualité le serment de fidélité le 26 mars 1584, fit prendre possession du siége, et s'y fit représenter par procureur dans les actes épiscopaux des années 1584, 1585 et 1586. Mais la faveur ne paraît point avoir rencontré en lui une ambition de nature à en faire fructifier les produits. Plus épris de son tranquille et riant séjour du Breuil que des honneurs de l'épiscopat dans une des premières villes du royaume, il ne se fit jamais

1586. sacrer, et en 1586 il céda son droit à Germain Vaillant de Guélis, qui lui céda, de son côté, l'abbaye de Paimpont [2].

Le puissant apparentage de l'abbé Hurault dut va-

---

[1] Jacques Hurault, seigneur de Saint-Denis et de Villeluisant. (*Généalogie des Hurault*, à la suite des Mémoires du chancelier.)

[2] *Gallia christiana*.

loir à son abbaye une protection précieuse, à l'époque mémorable où toute la campagne des environs fut occupée par l'armée de Henri IV, pendant les jours qui précédèrent la bataille d'Ivry. Le chancelier de Chiverny n'avait pas encore alors repris les sceaux, que Henri III lui avait ôtés vers la fin de 1588. Le vertueux Montholon, que ce prince en avait pourvu, reçut de Henri IV, le jour même de son avénement, la lettre la plus honorable pour l'inviter à les conserver. Mais Montholon, fervent catholique, s'en fit un scrupule, et il remit au nouveau roi les sceaux, dont personne n'eut la garde spéciale jusqu'au retour de Chiverny, qui se fit attendre un an entier. Henri IV désirait évidemment ce retour du chancelier; car dans un moment où son autorité était si mal affermie, ses droits méconnus et son caractère royal violemment outragé par les témérités de la Ligue, il était pour lui d'une haute importance de se montrer entouré des grands officiers de la couronne qui avaient servi sous son prédécesseur. Chiverny, homme vieilli à la cour, d'une habileté consommée et d'une expérience alors septuagénaire, restait en observation, dans la retraite où l'avait laissé l'ancien roi, sans faire d'avances, mais en évitant soigneusement les relations qui auraient pu être un obstacle à son rappel. Au moment de la bataille d'Ivry, les habiles devaient entrevoir sa rentrée aux affaires comme assez prochaine : situation favorable pour obtenir des marques de déférence. Sans doute le neveu s'en ressentit. Pendant

— 82 —

1590. que Henri IV couchait, le 8 mars [1], au château de Motel, agréable résidence à une demi-lieue du Breuil, située de même au milieu des eaux [2], Denis Hurault dut recevoir dans son manoir abbatial quelques-uns des principaux chefs catholiques qui parurent avec le plus d'éclat à cette fameuse journée, tels que : le prince de Conti, cousin germain du Roi, le grand prieur de France, fils de Charles IX, le comte de Saint-Paul, descendant du brave Dunois, ou le maréchal de Biron, qui commanda l'arrière-garde, ou le jeune Pot-de-Rhodes, fils du grand-maître des cérémonies de France, à qui la cornette blanche fut confiée, et dont la mort faillit entraîner la déroute de l'armée royale [3], ou le grand maître de l'artillerie, Philibert de la Guiche, qui contribua si heureusement à décider la victoire, ou le baron de Givry, dont l'éclatante bravoure sut encore se faire remarquer au milieu de tant d'ardeur dont rivalisait toute cette vaillante noblesse.

Si l'abbé Hurault eût été en querelle avec ces personnages, les jolis fossés de son abbaye l'auraient mal défendu contre de pareils champions. Mais il n'y eut

[1] La bataille d'Ivry fut livrée le 14 du même mois.
[2] Le château de Motel appartient aujourd'hui à M. Devoise.
[3] Quelques auteurs contemporains ont nommé, comme tué en ces circonstances, Guillaume Pot-de-Rhodes alors âgé de soixante et dix ans, au lieu de son fils Henri. Mais l'exacte assertion des historiens que nous suivons de préférence, nous a été prouvée par une lettre que le grand maître des cérémonies écrivit en 1593 à Henri IV, et où il lui rappelle la mort de son fils aîné, tué à la bataille d'Ivry en portant la cornette de S. M.

certainement entre lui et les hôtes illustres qu'il hébergea ce jour-là qu'un assaut de courtoisie.

Denis Hurault assista donc aux préludes de ce grand triomphe de la cause royale, et il la vit ensuite se relever entièrement; car il prolongea sa carrière au delà de ce siècle.

A la bataille d'Ivry, comme à tous les combats qui suivirent pendant près de trois ans, ce n'étaient plus ces guerres religieuses dont la Normandie avait été le théâtre sous les règnes de Henri II et de Charles IX. Henri IV, même avant sa conversion, comptait dans son armée bien plus de catholiques que de protestants. Aussi André du Houssay paraît avoir confondu les maux de la guerre civile et étrangère avec les fureurs des dissensions religieuses, lorsqu'il attribue, à la crainte des violences commises à cette époque par les hérétiques, la précaution qui fit transporter de l'abbaye du Breuil à celle de Saint-Ouen de Rouen le chef de sainte Agnès[1]. Cette relique s'y conservait honorablement du temps du P. du Monstier, qui donne, d'après les archives de Saint-Ouen, un dénombrement des reliques de cette abbaye dans lequel on trouve la mention du chef de sainte

---

[1] « Caput vero ejusdem gloriosæ Christi athletæ pretiosum Rothomagi, in nobili S. Audoeni basilica, condigno honore conditum, etiamnum custoditur: ad quam ex præmemorato cœnobio Broliensi, fuit, ne furentium hæreticorum, qui, eodem labente sæculo, gallicana sacraria, obvia quæque direptioni, vastaverunt, impiis ausibus subjaceret, auspicato traductum. » *Martyrologium Gallicanum*, au 21 janvier.

Agnès, conservé dans un reliquaire d'argent [1]. Cette translation dut être opérée par l'abbé du Breuil, de concert avec le dignitaire de Saint-Ouen qui y remplaçait l'abbé, pendant que Rouen tenait le parti de la Ligue; car l'abbé de Saint-Ouen était alors le cardinal de Bourbon, cousin de Henri IV, et du parti royal.

1602. Quant à Denis Hurault, il vivait encore en 1602. Cette dernière année est la date d'un acte qu'il passa avec l'église de Marcilly, pour le service annuel dont nous avons parlé. Nous ne savons s'il prolongea sa carrière beaucoup au delà; mais ce qui paraît certain, bien qu'on n'en trouve aucune mention dans le *Gallia christiana*, c'est que ses abbayes du Breuil et de la Pelisse passèrent à son cousin germain, Denis Hurault, fils de Denis Hurault, baron d'Huriel, et de Gabrielle de la Buxière. Il était abbé de la Trappe, déjà aussi en commende [2]. Ainsi ce grave abus vint à réunir alors sous le gouvernement d'un même abbé les deux églises de la Trappe et du Breuil, dont l'une était sortie de l'autre quatre siècles et demi auparavant. Il y eut donc consécutivement au Breuil-Benoît deux abbés des noms de Denis Hurault. Cette homonymie complète les a fait confondre en un seul dans la liste de ceux des abbés du Breuil qu'a réunis le *Gallia christiana*. Il y faut ajouter Denis Hu-

---

[1] « Caput sanctæ Agnetis in pixide argentea » *Neustria pia*, p. 59.
[2] On sait que la Trappe resta en commende jusqu'à l'abbé de Rancé, qui avait commencé par en être commendataire pendant sa vie mondaine, et qui se fit régulariser par le pape, pour y introduire sa célèbre réforme.

rault II, et cela sans aucun doute, car nous puisons ce renseignement dans la généalogie des Hurault, dressée en 1636[1], sous les yeux du fils du chancelier, qui était le propre cousin germain des deux abbés du Breuil, se trouvant le neveu de la mère de l'un et du père de l'autre.

Ce dernier passa, en 1613, avec plusieurs habitants de la paroisse de Bois-le-Roy, un bail emphytéotique, par lequel il leur céda, pour 99 ans, un des fiefs de l'abbaye, appelé *les Essarts*, et situé au hameau des Chaises, moyennant une rente annuelle de 150 livres, d'une douzaine et demie de chapons, d'autant de poulets et de 16 minots de blé[2]. Deux ans après, il fit une donation aux capucins qui vinrent alors s'établir à Dreux, où ils furent soutenus par les principaux personnages du pays. « M. de la Pelisse, abbé du Breuil, dit une ancienne histoire manuscrite de Dreux, leur donna 1,000 francs. » Denis Hurault II put prolonger aisément sa carrière assez avant dans le règne de Louis XIII, et même le voir tout entier. Il compléta certainement les embellissements apportés

---

[1] Cette généalogie est imprimée à la suite des Mémoires du chancelier. Sauf certaines prétentions, qui, pour les premiers degrés, font remonter un peu plus haut la filiation directe, elle a été admise par le P. Anselme. Quant à ce qu'ajoute ce généalogiste, que Denis Hurault II refusa l'évêché d'Orléans, sans doute il faut voir là quelque confusion avec son cousin, car le fait ne se trouve point dans la généalogie dressée sous les yeux du fils du chancelier; à moins que le refus en question ne soit postérieur à la rédaction de cette généalogie.

[2] Arrêt du conseil, rendu à Paris le 28 décembre 1730.

par son oncle au manoir abbatial du Breuil, et peut-être à lui seul appartient la construction du château actuel, que l'on peut ainsi dire, avec une certitude presque entière, avoir été élevé par un abbé Denis Hurault [1].

A ces deux cousins succédèrent, pendant encore la première moitié du xviie siècle, un oncle et un neveu, qui se nommaient de Kermur, et dont le nom seul nous est parvenu [2].

Après eux, mais avec des noms qui ne sont point dépourvus d'une certaine célébrité, viennent de nouveau un oncle et un neveu, MM. Poncet de la Rivière, qui, portant l'un et l'autre le nom de Michel, ont encore été confondus en un seul individu par le *Gallia christiana*. Mais ils ne sont pas moins distincts que les deux Hurault. L'oncle, Michel Poncet, est qualifié prêtre, docteur en théologie, protonotaire du saint-siége, abbé d'Airvaux et du Breuil-Benoît, évêque de Sisteron en 1667, et enfin archevêque de Bourges en 1675, mort peu après, au mois de mars de cette même année. Il était le second fils de Mathias Poncet, seigneur de la Rivière, etc., auditeur des comptes, et d'Antoinette de Pollaert.

1667.
1675.

Dans le cours de son administration, la paroisse de Marcilly-sur-Eure avait établi la confrérie du Saint-Rosaire, qui y fut fondée en 1667, avec la permission

1667.

---

[1] Les armes de Hurault sont *d'or à la croix d'azur, cantonnée de quatre ombres de soleil de gueules* (voyez aux planches des armoiries et dans celle où est dessinée la châsse de saint Eutrope.)

[2] *Gallia christiana.*

de l'évêque d'Évreux, par M. Gabriel d'Esparbès, seigneur de Lussan, Brazais et autres lieux, ainsi que par sa femme et sa fille [1]. Il avait épousé une demoiselle de la famille du Fay, à qui appartenait alors, comme nous l'avons dit, la seigneurie de Marcilly, et il portait à cette paroisse un pieux attachement, dont il donnait des preuves en toutes circonstances. Cette fondation a survécu à la Révolution ; et la confrérie du Saint-Rosaire subsiste encore honorablement à Marcilly-sur-Eure.

Le frère aîné du premier abbé de la Rivière, Pierre Poncet de la Rivière, comte d'Ablis et baron de Presle, fut successivement avocat au parlement, auditeur des comptes, maître des requêtes, conseiller de la chambre de justice, président au conseil de la marine, et mourut doyen des conseillers d'État en 1687, à l'âge de quatre-vingt-un ans. Il est auteur du livre intitulé : *Des avantages de la vieillesse*, que la critique de son temps jugea fort durement, et dont le mauvais succès l'empêcha, dit-on, de devenir chancelier de France. C'est lui que les contemporains auteurs de la clef des *Caractères* de la Bruyère reconnaissent dans le premier trait personnel de cet ouvrage : « Un « magistrat allait par son mérite à la première di- « gnité ; il était homme délié et pratique dans les af- « faires ; il a fait imprimer un ouvrage moral, qui est « rare par le ridicule [2]. »

Le second fils de ce malencontreux moraliste était

---

[1] Pièces justificatives, n° XXII.
[2] *Caractères de la Bruyère*, chap. 1er.

le neveu du premier abbé Poncet de la Rivière. Il se nommait aussi Michel, peut-être parce que son oncle était son parrain, et, à ce titre, son protecteur spécial. De tels arrangements de famille, qu'un ordre social fortement constitué dans la hiérarchie des priviléges rendait alors très-solides, expliquent dans une même famille cette suite de personnes, d'un même nom de baptême, se succédant les unes aux autres, parmi les cadets comme parmi les aînés. Michel Poncet II eut à son tour l'abbaye du Breuil-Benoît, à laquelle il joignit celles de Saint-Éloi-Fontaine, de Vierzon, de Noaillé et de Saint-Florent-lès-Saumur, puis successivement les évêchés d'Uzès et d'Angers [1]. S'il hérita des dignités ecclésiastiques de son oncle, il prit de son père des goûts littéraires, dont les fruits réussirent mieux; car il fut estimé comme prédicateur, ainsi que l'atteste le choix fait de lui pour l'oraison funèbre du cardinal de Bonzi, archevêque de Narbonne [2], et même pour celle du grand dauphin, prononcée solennellement à Saint-Denis en 1711 [3]. Ses sermons furent assez goûtés pour qu'on en ait attribué plusieurs à Massillon [4]. Enfin il fut l'un des qua-

---

[1] Nous avons consulté, sur la famille Poncet de la Rivière, les pièces du cabinet des titres et le *Dictionnaire de la noblesse* de la Chesnaie des Bois. Cette famille de robe portait pour armes: *D'azur à la gerbe d'or, supportant deux oiseaux affrontés, du même, une étoile d'argent entre les deux* (voyez cet écusson aux planches).

[2] Imprimée à Montpellier en 1704, in-4°.

[3] Imprimée à Paris en 1711, in-4°.

[4] Dans les Sermons de Massillon, imprimés à Trévoux en 1704. Voyez QUÉRARD, *France littéraire*, t. VII, p. 265.

rante de l'Académie française. Il y remplaça, en 1729, l'ingénieux critique La Monnaie, dont il n'occupa que bien peu de temps le fauteuil, ayant eu lui-même, dès 1730, pour successeur à l'Académie, Jacques Hardion, de l'Académie des inscriptions et belles-lettres, garde des livres du cabinet du Roi [1]. Poncet de la Rivière était encore abbé du Breuil en 1728, année où il résigna sans doute son abbaye, puisque son successeur, Pierre-Guillaume Gaillon, fut nommé par le Roi le 29 janvier 1730 [2].

1730.

Celui-ci garda trente-trois ans la commende, mais son nom seul nous est parvenu. A défaut de ses actes, nous en trouvons un de son prieur, qui nous fait voir les rapports de bon voisinage des religieuses de l'abbaye de l'Estrée avec les moines du Breuil-Benoît. La dernière année du gouvernement du second abbé de la Rivière, dom Augustin Boulanger, prieur de l'abbaye des Vaux-de-Cernai, avait accordé à celle du Breuil une partie de l'os du bras de saint Thibaut, qui avait jadis réuni ces deux maisons sous son gouvernement. D'un autre côté, en 1713, M. de Saint-Aignan, évêque nommé de Beauvais, fut chargé par le cardinal de Noailles, archevêque de Paris, de faire solennellement l'ouverture de trois grandes châsses de reliques, dont deux avaient été rapportées de Rome par le feu cardinal de Janson, évêque de Beauvais, contenant les ossements de saint Faust et de

[1] Liste de l'Académie française, depuis son établissement. Paris, 1776, in-8°, 31ᵉ fauteuil.
[2] *Gallia christiana.*

saint Magne, et la troisième déposée aux Filles de la Conception immaculée du faubourg Saint-Germain, contenant des ossements de saint Clair. Or, madame de Montperroux, prieure titulaire de l'abbaye de l'Estrée, également de l'ordre de Cîteaux, avait une grande vénération pour les reliques en général, et désirait particulièrement recueillir de celles de saint Thibaut, de saint Clair, de saint Faust et de saint Magne, parmi les saints pour qui elle professait le plus de dévotion. Elle obtint donc de Jean Baptiste Bouland, prieur du Breuil, un petit fragment des reliques de saint Thibaut; l'évêque de Beauvais lui donna aussi une boîte où il avait renfermé de celles des trois autres saints, lors de la cérémonie qu'il avait faite en 1713 au Val-de-Grâce de Paris, et il plaça dans cette boîte une attestation en règle. Madame la prieure de l'Estrée et dom de Vienne de Vallier, confesseur de cette abbaye, prièrent dom Bouland de faire la cérémonie du dépôt de ces reliques dans les châsses disposées à cet effet.

1730. Dom Bouland se rendit donc, le 26 mars 1730, à l'abbaye de l'Estrée, avec dom Pierre Chausteux et dom Antoine Piquois, religieux du Breuil, et y fit solennellement la cérémonie de la translation de ces reliques, en présence de toute la communauté de l'Estrée, composée de dix-huit religieuses de chœur, toutes nommées au procès-verbal [1].

Tel est le seul fait dont nous ayons pu retrouver

---

[1] Pièces justificatives, n°ˢ XXIII, XXIV et XXV.

la trace, dans le cours de la longue administration de l'abbé Gaillon. Il eut pour successeur l'abbé de Larboust, qui clôt la liste des abbés du Breuil-Benoît.

Denis de Péguilhan de Larboust avait été grand vicaire de l'évêque de Meaux, et était abbé de l'abbaye royale de Saint-Chignan, lorsqu'il fut nommé, le 19 mai 1757, maître de l'oratoire du Roi [1]. En 1763, il devint abbé du Breuil-Benoît, et joignit à ces titres celui de conseiller d'État. Il était le second fils d'Urbain de Péguilhan, vicomte de Larboust, et d'Anne Pilotte. Son frère aîné, connu à la cour sous le nom de marquis de Termes, était, en 1757, chevalier de Saint-Louis et capitaine au régiment de Noailles infanterie.

Le troisième frère, d'abord appelé le chevalier de Larboust, était, en 1789, comte de Larboust, commandant de l'écurie du Roi, et écuyer de Madame, comtesse d'Artois.

Le quatrième frère, nommé le chevalier de Termes, puis le vicomte de Péguilhan, était lieutenant au régiment de Noailles, dans la compagnie du comte de Termes, son frère.

Cette honorable existence de toute la famille s'accordait bien avec la noblesse des Péguilhan, dont l'ancienneté dans le comté de Comminges remontait au XIe siècle. Ils avaient, sous Louis XIII, ajouté à leur nom celui de Larboust, par suite d'un legs du comte d'Astorg, qui avait donné à sa sœur Isabeau

---

[1] *Almanach royal. — France ecclésiastique.*

d'Astorg, femme du sieur de Péguilhan, la vicomté de Larboust qu'il tenait du Roi, en vertu du droit de confiscation. Le comte d'Astorg avait mis à ce legs la condition qu'un des enfants de sa sœur porterait ses armes et le nom de Larboust. Elle n'eut qu'un fils, qui fut le grand-père de l'abbé du Breuil. Depuis lors, outre le nom de Larboust qu'ils ajoutèrent à celui de Péguilhan, ils placèrent au premier quartier de leurs armes d'alliances celles d'Astorg-Montbartier. On voit, par la composition de ce pennon, qu'ils étaient hautement apparentés; car ils portaient :

Écartelé, aux premier et quatrième des grands quartiers coupé de un, parti de deux, au 1 d'or à l'aigle de sable, qui est d'Astorg de Montbartier, *au 2 d'argent à la tour de gueules*, qui est de Pouy, *au 3 losangé d'or et de gueules*, qui est de Noé, *au 4 d'azur au levrier rampant d'argent*, qui est de Leberon, *au 5 d'argent au lion de gueules, lampassé et couronné d'azur à la bordure de sinople chargée de cinq écussons d'or bordés de gueules*, qui est d'Espagne-Montespan, *et au 6 de gueules à quatre otelles d'argent, adossées en sautoir*, qui est de Comminges; — *aux deuxième et troisième des grands quartiers contrécartelé au 1 et 4 d'or au lion de gueules, au 2 de gueules à la croix d'argent, et au 3 d'argent à l'arbre arraché de sinople : sur le tout* de Péguilhan, qui est *de gueules à trois épées d'argent rangées en pal, les pointes en bas, les poignées garnies d'or* [1].

---

[1] Voyez ce pennon aux planches des armoiries.

Placé par sa famille dans les premiers rangs de la société, attaché à la cour de Louis XV par sa charge de maître de l'oratoire du Roi, l'abbé de Larboust, dont la jeunesse remontait à la régence, avait, au lieu de l'esprit de son état, les mœurs faciles de son temps. Il menait la vie de plaisir d'un seigneur assez sensuel. Lorsque, après son quartier de service à Versailles, il venait tenir maison dans son abbaye du Breuil, ce n'était point pour y faire une austère retraite. J.-B. Rousseau nous dépeint, dans une de ses épîtres, quelques-uns des passe-temps les plus innocents de messieurs les abbés commendataires :

« Abbé chéri des neuf sœurs,
Qui dans ta philosophie
Sais faire entrer les douceurs
Du commerce de la vie,
Tandis qu'en nombres impairs
Je te trace ici les vers
Que m'a dictés mon caprice,
Que fais-tu dans ces déserts
Qu'enferme ton bénéfice?

« Vas-tu, dès l'aube du jour,
Secondé d'un plomb rapide,
Ensanglanter le retour
De quelque lièvre timide?
Ou chez tes moines tondus,
A t'ennuyer assidus,
Cherches-tu quelques vieux titres,
Qui, dans ton trésor perdus,
Se retrouvent sur leurs vitres [1]? »

[1] Livre II, Ode 2, à l'abbé Courtin.

Si les moines du Breuil s'étaient rendus coupables de ce délit de lèse-histoire, si même (ce qu'à Dieu ne plaise) la perte de leur cartulaire que nous déplorons provenait d'un empiétement de ce genre sur l'industrie du vitrier, ces religieux auraient peu couru le risque de se voir repris par leur abbé. M. de Larboust avait d'autres manières d'occuper ses loisirs. Outre la chasse, comme l'abbé Courtin, et probablement la pêche dans les belles eaux de son parc, il aimait encore à se donner au Breuil une table splendidement servie; il avait aussi de temps à autre les élégantes visites de plusieurs belles dames de Paris ou de Versailles, en l'honneur desquelles d'odorantes touffes de rosiers bordaient les allées du parc abbatial. Pour être aidé, dans ces occasions, à faire les honneurs de son manoir champêtre, il avait recours non pas à son prieur, mais à une aimable parente, femme de la cour, qui soulageait gracieusement l'abbé dans ses devoirs de maître de maison. Les anciens du pays se rappellent encore le grand jour où l'abbé du Breuil fut honoré de la visite d'une auguste princesse, non moins remarquable par sa beauté que par son rang, mais dont le nom réveille surtout aujourd'hui le souvenir d'un des plus affreux épisodes des fureurs révolutionnaires, la princesse de Lamballe, qui, se rendant à Anet, chez le duc de Penthièvre, son beau-père, daigna faire un détour pour accepter une collation chez le noble abbé. Le nom du duc de Penthièvre, chéri dans toute la contrée, l'était particulièrement au Breuil, si voisin de sa délicieuse résidence d'Anet. Je trouve, dans des papiers du temps [1], qu'un des religieux du Breuil portait le titre de prieur d'Anet. Une des allées du parc de l'abbaye fut nommée, en 1780, *allée de Penthièvre*, en souvenir de la présence du prince qui, égaré à la chasse, arriva par hasard dans ce lieu, où il erra quelque temps sans se reconnaître [2]. Sa suite l'y rejoignit bientôt; la chasse fut dirigée de ce côté, et s'y termina par un brillant hallali dans les canaux mêmes du parc.

L'administration de M. de Larboust ne négligeait pas cependant les intérêts de l'abbaye [3]. Les premiers actes de la vente du Breuil font mention d'un procès intenté par lui en ce sens, qui n'était pas terminé lorsque arriva la Révolution. Il eut la douleur de voir les monastères supprimés en 1790; et, privé de tous ses revenus, frustré des indemnités promises par l'État, il termina sa carrière dans la médiocrité d'une très-modeste retraite, bien différente du brillant état qu'il tenait au Breuil, et qui allait s'augmenter encore par l'annexe d'un bénéfice beaucoup

1790.

---

[1] Livre de comptes d'Alexandre Boudeville, maçon à Marcilly, de 1788 à 1799.

[2] Les anciens du pays rapportent que le prince, apercevant un homme occupé à planter des arbres dans la prairie, lui demanda son chemin; mais cet homme, nommé Vincent Boudeville, était sourd-muet et ne le comprit point. A quelques pas de là, il avisa une femme qui gardait des vaches, et ne put obtenir d'elle qu'une réponse par signes. Car c'était une muette, appelée *la muette de Louye*. C'est à ce moment que le prince fut rejoint par sa suite.

[3] Pièces justificatives, n° XXVI.

plus considérable, dont il venait d'être pourvu, à la veille de la Révolution.

La commende de l'abbaye du Breuil était évaluée à 5,000 livres. Elle était taxée en cour de Rome à 250 florins. — Quant à la distribution féodale, les domaines de l'abbaye se divisaient en cinq fiefs : 1° le fief du Breuil [1] ; 2° le fief de Givray ou Givré ; 3° le fief des Garennes ; 4° le fief des Ormes ; 5° le fief de Pignorel.

La retraite que choisit M. de Larboust prouve qu'il ne redoutait pas de haine et de basse vengeance dans le pays naguère témoin de sa prospérité ; car il finit ses jours à deux lieues et demie du Breuil, dans la ville de Dreux. C'est là que, pour disposer du peu de meubles qu'il avait pu conserver et de quelque faible rente, il fit son testament le 5 avril 1804, en instituant pour exécuteur testamentaire son noble ami le comte d'Arjuzon, qui habitait alors depuis vingt-quatre ans, à une demi-lieue du Breuil, sa magnifique terre de Louye, dont il fait encore aujourd'hui les honneurs avec tant de grâce et de dignité.

L'alliance de M. le vicomte d'Arjuzon, son fils aîné, avec la famille Reiset, a engagé en 1842 le comte de Reiset, son beau-frère, alors attaché à l'ambassade de Rome, à acheter la terre du Breuil, qui avait passé par bien des mains, et subi bien des morcellements, depuis l'aliénation des biens du clergé.

[1] C'est la portion qui appartient aujourd'hui au comte de Reiset.

VENTE ET MORCELLEMENT DES DOMAINES DE L'ABBAYE.

Par une première adjudication faite le 17 février 1791, tous les domaines de l'abbaye, divisés en cinq lots, furent adjugés provisoirement à M. Outrequin, à Paris. Comme l'église, comprise dans cette vente, se trouvait ainsi retirée au culte; dès le surlendemain, 19 février, on commença à la dégarnir de tout ce qui put être enlevé et transporté à Marcilly; les statues des saints, le tabernacle, les autels, la grille du chœur, celles des chapelles, les armoires, les coffres avec les papiers serrés dedans, enfin les cercueils de plomb, inhumés par la piété des vieux temps dans ce temple qui allait être profané, furent enlevés et transportés à Marcilly [1].

[1] Nous trouvons dans un livre de comptes d'Alexandre Boudeville, maçon à Marcilly, pour les travaux qu'il exécuta de 1788 à 1799 :

« 1791. — *Mémoire des journées que j'ai faites pour la paroisse de Marcilly* :

« Du 19 février : Une demi-journée à deux hommes, à descendre les saints de l'église du Breuil pour les préparer à les porter à Marcilly.................. 3^h 10 s

« Du 21 : Une demi-journée à deux hommes, à faire des piédestaux dans l'église pour poser les saints...... 1   10

Les anciens du pays se rappellent avoir vu l'un des derniers religieux du Breuil, dom Rébillet, qui devint plus tard curé de Marcilly, suivre, les larmes aux yeux, les dépouilles de son antique monastère. Toute la France était alors le théâtre de scènes semblables. En plus d'un lieu, les derniers moines, qui par une vie mondaine avaient peu édifié les alentours, virent alors de lâches outrages se joindre à ces profanations. Dom Rébillet, dont la conduite n'avait pas été exempte de scandale, ne rencontra point à Marcilly un accueil outrageant. Le caractère religieux dont il était revêtu fut même l'objet d'une manifestation qui mérite d'être citée. Quelque temps après la vente de l'abbaye, une épizootie s'étant déclarée dans les environs et y prolongeant ses ravages, les habitants finirent par regarder cette calamité comme une punition de la profanation des lieux saints, et ils prièrent dom Rébillet de neutraliser cette funeste influence en bénissant leurs troupeaux. Après s'y être quelque

« Du 26 : Trois journées de maçon et une de manœuvre. Fourni un piédestal sur la porte de l'église et deux dans le chœur.. 9ᵘ » ᵈ

« Pour peinture de la Vierge et sept autres saints, seulement au visage.. 2 »

« Du 2 mars : Une demi-journée à trois hommes, à aller chercher le tabernacle du Breuil............... 2 »

« Du 3 : Un tiers de journée à trois hommes, à démolir la grille des chapelles........................... 1 10

« Du 4 : De même, trois journées d'hommes. Autels.. 4 »

« Du 12 : Une journée avec la voiture, à aller chercher les coffres et papiers, et cercueils de plomb et armoires. 5 » temps refusé, il y consentit et bénit dans la grande rue de Marcilly tous les bestiaux que d'assez loin on y avait rassemblés. Comme la cessation du fléau fut attribuée à cette cérémonie, il conserva toujours dans la paroisse un asile respecté.

Plus d'une fois les vassaux émancipés du monastère regrettèrent ses largesses, la pompe de son culte [1], certains priviléges même dont leur vasselage les faisait jouir, et qui ne furent pas plus épargnés que les hauts priviléges du clergé, de la noblesse, de la royauté. Ainsi, à la Saint-Eutrope, la première danse appartenait à des garçons de Marcilly, entre lesquels l'abbé ou le prieur désignait les heureux danseurs qui devaient ouvrir le bal de la fête champêtre, si fréquentée. Ce fut vainement qu'en 1791 ils voulurent continuer à exercer ce droit. On le déclara supprimé comme abus. Ce ne fut sans doute pas celui à la suppression duquel applaudirent le moins les jeunes gens du voisinage; et ils se trouvèrent assez nombreux pour donner force à la loi, au grand regret de ceux de Marcilly.

Après la formalité de l'adjudication préparatoire, faite le 17 février, le 5 mars l'adjudication définitive rendit acquéreur M. Sémillard, ancien notaire, et sa femme. Comme le monument de Guillaume de

---

[1] Le Jeudi-Saint, l'abbé lavait les pieds à treize pauvres, qu'on habillait magnifiquement et qui portaient les attributs des apôtres. On choisissait pour cela des enfants du voisinage. Quelques vieillards des villages d'alentour se rappellent le rôle qu'ils ont rempli dans cette scène pieuse par le choix de l'abbé de Larboust.

Marcilly se trouvait encore dans l'église, une clause expresse de l'acte portait : « La municipalité de Marcilly-sur-Eure pourra faire enlever, pour déposer dans son église paroissiale, le tombeau du fondateur, qui est apparent dans l'église de la ci-devant abbaye. »

Les officiers municipaux, en faisant enlever de l'église du Breuil le tombeau du fondateur [1], n'en purent faire profiter celle de Marcilly. Les plus mauvais jours survinrent, et avec eux la suppression du culte, la profanation des églises. Le précieux monument dont nous avons parlé plus haut fut délaissé, puis brisé; et c'est à force de recherches que M. de Reiset a retrouvé, l'année dernière, au milieu d'autres débris, dans le coin le plus négligé d'une basse-cour de Marcilly, le tronc seulement de la statue qui avait été placée sur la tombe du fondateur de l'abbaye au commencement du XIIIe siècle.

Lorsque M. Sémillard vend la propriété du Breuil à M. Duchemin, le 29 août 1793, « il se réserve à son profit huit grandes pierres, dessus d'autels et tombes, étant dans l'église du Breuil, pour les faire transporter incessamment dans une autre de ses possessions. »

Nous ne saurions dire si cette clause fut due à un dernier sentiment de respect ou à un détail de spéculation. Ce qui est certain, c'est que la spéculation

---

[1] Les restes de Foulques, transportés alors à Marcilly, y furent inhumés sous le porche de l'église.

s'exerçait alors sur la terre du Breuil comme partout en France sur les biens des ci-devant abbayes. Celle de ces spéculations qui devint la plus funeste au Breuil, fut la démolition du transept de l'église pour en employer les pierres comme matériaux d'autres constructions. Nous avons expliqué plus haut le tort irréparable causé à la conservation du monument par cet acte d'une barbarie si fréquente alors, et pendant plus du premier quart de notre siècle.

Le second acquéreur, qui avait succédé à l'ancien notaire Sémillard, n'avait acheté que pour la forme, soit comme prête-nom, soit pour réaliser immédiatement le bénéfice d'une différence, sans bourse délier ; car dix jours après la vente, par déclaration de command, passée le 9 septembre 1793 au profit de M. Drouin, négociant à Paris, il transféra à celui-ci son droit d'acquéreur. M. Drouin échangea la propriété, le 9 fructidor an III, avec M. Dande, qui la vendit à sa femme le 12 mai 1806.

Cette suite de mutations ne s'était pas faite sans quelques démembrements. Mais ils avaient été peu considérables ; et ce beau domaine comprenait environ 209 hectares, lorsqu'il fut vendu, le 30 juillet 1810, par M. et Mme Dande à M. et Mme Desmousseaux.

Le baron Desmousseaux, ancien préfet, mourut le 7 juillet 1830, et sa femme le 23 mai 1834. Leur héritage fut divisé en cinq parts, dont les quatre premières entre le baron Desmousseaux de Givré, le chevalier Desmousseaux de Givré, Mme la baronne

Locart, et Mme Villemain, leurs enfants; la cinquième part fut recueillie par MM. de Bourgoing, leurs petits-fils, dont la mère était décédée.

Dans la part de Mme Locart se trouvèrent le grand parc, le petit parc, le château et ses dépendances, l'avenue et l'église. C'est cette partie, répondant à l'ancien fief du Breuil, et comprenant environ 5o hectares, que Mme Locart a vendue le 3o novembre 1842 à M. Gustave Armand Henri, comte de Reiset, qui est le propriétaire actuel.

ÉTAT ACTUEL DU BREUIL.

Les propriétaires successifs qui possédèrent le Breuil depuis 1791, ou bien avaient dégradé eux-mêmes les bâtiments, comme lors de la démolition du transept de l'église, ou bien les avaient laissés sans entretien. Tel était l'état du château, l'ancien manoir abbatial, en 1842. Les dégradations s'augmentaient par la profusion des eaux. Outre les vastes fossés qui séparent l'avant-cour de la cour d'honneur au midi du château, puis retournant à l'est et à l'ouest, vont enclore au nord un vaste parterre, ce parterre même était séparé du bâtiment par un autre canal, que M. de Reiset a fait combler. Le jardin s'est ainsi agrandi par l'assainissement de l'habitation; il reste encore entouré d'un ruisseau de largeur plus qu'infranchissable, entre les prairies, le grand et le petit parc, enceints à leur tour d'eaux vives et poissonneuses, qui, se ramifiant dans le grand parc, forment, au nord-ouest et au nord, une double et triple ceinture.

A l'entrée du jardin, sur la gauche du château, s'élève une tourelle décorée d'une manière originale et avec un soin tout particulier. De larges fenêtres l'éclairent; elle est fermée d'une porte en bois sculpté; le manteau d'une haute cheminée y est surmonté d'un groupe mythologique de grande dimension. Cette tourelle est placée au-devant d'une charmille séculaire, impénétrable aux rayons du soleil, qui conduit aux bords du ruisseau, aisément navigable en cette partie, et servant de clôture, à l'ouest du jardin. La vallée en face s'élargit comme pour donner un libre espace à la vue dans cette promenade tranquille. L'horizon en est borné par le versant d'un riant coteau couronné des bois qui séparent le Breuil de Louye. A mi-côte sur la droite, est coquettement placée la Mésangère [1], et au pied s'étend l'antique paroisse de Marcilly, jadis vassale des moines du Breuil. Une demi-heure suffit aisément pour franchir l'espace qui sépare le château de la paroisse, soit en prenant, au bout de l'avenue, l'admirable route qui, se déroulant au bas des coteaux, suit toute la vallée jusqu'à Dreux, soit en s'embarquant sur l'Eure, à la pointe orientale du parc, où un bateau est toujours prêt pour le trajet entre le Breuil et Marcilly.

En continuant à descendre la rivière, on trouve à trois lieues de Marcilly, sur la rive occidentale, Ivry-la-Bataille, puis au retour, entre Ivry et Marcilly, mais sur la rive opposée, Anet, qui rappelle de gracieux et chevaleresques souvenirs, somptueuse résidence, dont il ne reste qu'une partie, noblement habitée aujourd'hui par le comte de Caraman. Viennent ensuite les restes du château de Sorel, célèbre aussi dans la province, et digne de sa célébrité. Ces deux propriétés étaient encore à des princes de la maison de France lors de la Révolution.

[1] Ce château appartient à M. de Caqueray.

Si, remontant toujours le cours de l'Eure, au lieu de débarquer au parc du Breuil, on s'avance encore un peu, on rencontre un ouvrage considérable de digue ou barrage, appelé *les Portes du Breuil*, qui, en amont, élargit considérablement la rivière ainsi ralentie. De là les prises d'eau qui, de temps immémorial, ont formé les ramifications nombreuses de ces divers ruisseaux qui coupent en tous sens et fertilisent les propriétés entre Saint-Georges et Marcilly, espace où se développaient les riches domaines de l'abbaye.

Le long de la rive de l'Eure, s'élève presque à pic le mont qui couronne la forêt royale de Dreux. Si l'on débarque sur cette rive, au-dessous des *Portes du Breuil*, en gravissant la côte escarpée, l'on parvient aux ruines antiques de la Robertière, dont on peut suivre encore la fière enceinte à travers les ronces et l'épais fourré d'arbustes sauvages qui croissent partout dans les anciens fossés comme sur les restes des remparts. Cette forteresse, fondée en 1162 par le duc Robert Ier, fut au nombre de ces places quasi imprenables que le génie entreprenant des anciens Normands posa sur les cimes qui dominent tout le pays. Un vaste souterrain, ouvrage de ces temps où tout prenait un caractère de force et d'audace, perce la montagne et, descendant jusqu'à l'Eure, en face du Breuil, facilitait, en temps de siége, à la garnison la communication la plus précieuse avec le dehors, pour recevoir non-seulement de l'eau, des munitions de tout genre, mais des renforts même de soldats. Des hauteurs de la Robertière la vue suit au loin le cours de l'Eure, à travers les sinuosités de ce riche vallon.

Après avoir repassé la rivière, on peut rentrer au Breuil par le midi; on traverse la cour de ferme où était l'ancien cloître; on laisse l'église à gauche, et, avant de tourner à droite pour entrer dans le château, on suit des yeux, dans toute la longueur, l'avenue par où il communique à la route de Dreux. A cette extrémité, l'avenue se bifurque quelques pas avant de déboucher sur la route. Entre l'issue du côté de Marcilly et celle du côté de Saint-Georges, est ménagé un espace appelé *la Croix du Breuil*, où s'élevait, en effet, jadis la croix indiquant l'arrivée à l'abbaye. Deux des ruisseaux qui vont enceindre le parc du Breuil, et qu'on passe sur des ponts de pierre, coupent l'avenue, dont l'extrémité orientale se prolonge et s'élargit à droite par une demi-lune de superbes tilleuls, étalant comme un large éventail de verdure devant la grille du château qui s'ouvre en face [1].

A droite et à gauche de cette grille, parallèlement au château, se trouvent, à l'entrée de l'avant-cour, le pressoir, les remises et les écuries, puis en retour d'équerre vers le château, les étables, granges, serres, logement du garde et autres dépendances : jolies constructions en briques, sans autre étage qu'une suite

[1] C'est entre la grille du château et le demi-cercle de tilleuls que se tient, tous les ans, au premier dimanche de mai, la fête de Saint-Eutrope, une des plus fréquentées du pays, où l'on se rend de tous les points de la vallée.

de greniers, suffisant aisément à renfermer les moissons de la réserve. Derrière l'aile de l'ouest est le potager, séparé du petit parc par un large et abondant ruisseau ; derrière celle de l'est est la cour des étables. A l'intérieur, devant chaque aile, s'étend un vert préau : l'on passe entre ces deux pelouses pour arriver de la grille au pont qui communique de cette avant-cour à la cour d'honneur. Entre les deux, l'eau coule dans un large fossé garni, comme le pont, d'une élégante balustrade à jour en briques roses [1].

Au débouché du pont, quelques houx antiques, de la plus belle espèce, par le vert brillant et perpétuel de leur feuillage, que font ressortir, au printemps, des grappes d'un rouge vif, égayent l'entrée de la cour d'honneur, sans que leur peu de hauteur nuise à la vue du château, dont le rez-de-chaussée est exhaussé de plusieurs marches. Ce bâtiment se présente flanqué de deux tourelles engagées, construit en pierres blanches, avec des encadrements de briques le long des corniches et autour de toutes les baies [2].

La porte, cintrée avec goût, est surmontée d'un œil-de-bœuf, qui, au premier étage, complète son encadrement. De chaque côté de ce milieu, au premier étage, s'ouvrent cinq fenêtres, dont deux à chaque

---

[1] Dans l'angle d'un de ces fossés s'élevait un colombier que M. de Reiset a fait abattre pour ne laisser aucun obstacle à l'œil entre la grille et le château. Les deux espaces arrondis qui terminent ces angles, et autour desquels serpente la balustrade, sont devenus aujourd'hui deux corbeilles de fleurs.

[2] Voyez la planche représentant le château.

tourelle; au rez-de-chaussée, trois des fenêtres sont remplacées par des portes : en tout vingt-deux ouvertures. A la tourelle de droite est appuyée une petite construction en retrait et en corps surbaissé, pour le service de la cuisine et de l'office; sur le devant, un bouquet de beaux arbres, en cachant une partie de ce corps ajouté, indiquent à la vue le point où s'arrête la façade symétrique du château. La partie annexée s'étend jusqu'au ruisseau de clôture à l'est, qui en baigne les murs. A l'ouest, un espace égal, non construit, sert de libre communication pour aller de la cour au jardin. On communique aussi de l'une à l'autre par le vestibule qui partage le rez-de-chaussée du corps principal en deux moitiés égales [1], s'ouvrant au midi sur le perron central de la cour, et au nord sur le perron du parterre. Lorsque les deux portes de ce vestibule sont ouvertes, l'œil peut pénétrer depuis la grille et le rideau de tilleuls jusqu'aux profondeurs du grand parc, dont l'allée principale s'étend droit à la suite d'un pont qui sépare ce parc du jardin, en face du milieu du château.

L'escalier, garni d'une rampe en chêne, du xviie siècle, est dans l'angle à droite entre le corps du milieu et la tourelle orientale [2]. Au premier étage, règne au midi sur la cour un large corridor, éclairé par les

[1] A l'ouest de ce vestibule sont le billard, le grand et le petit salon; à l'est, la salle à manger, un petit office, l'escalier et la salle de bains.

[2] Dans le vestibule du bas de l'escalier s'ouvre la porte qui communique à l'office des gens, à la cuisine et à l'arrière-cuisine.

fenêtres du milieu de la façade. M. de Reiset y a placé une suite de portraits historiques, rapportés de Rome en souvenir de son séjour dans cette capitale du monde chrétien. Sur cette galerie ouvrent toutes les chambres, qui prennent leur vue sur le jardin et le parc.

Une disposition semblable règne dans les combles, où de plus petites chambres sont ménagées en mansardes, sous un toit dont la base est entourée d'une balustrade extérieure en briques, semblable aux parapets des fossés, et dont le faîte est couronné d'une dentelure de plomb. Au milieu s'élève un beffroi bien proportionné aux dimensions du bâtiment, et dont la cloche est celle de l'ancienne abbaye.

Avant l'arrangement et l'ornementation intérieurs de cette jolie résidence, les réparations fondamentales avaient été exécutées avec le plus grand soin. Tout dans le château et dans les bâtiments accessoires a été parfaitement consolidé.

Pour l'église, si la démolition du transept et la ruine du chœur en rendent impossible l'entier rétablissement, du moins la nef, grâce aux précautions conservatrices du propriétaire actuel, peut encore durer des siècles, et, si les circonstances s'y prêtaient, être même, dans l'avenir, rendue au culte. L'affluence qui s'y porte, tous les ans, à la Saint-Eutrope, aurait alors un but de pèlerinage. En voyant la chapelle, rendez-vous des pèlerins, formée de la seule nef de l'ancienne église abbatiale, on se rappellerait qu'une ville considérable, siége d'un diocèse dont l'évêque était jadis un des douze pairs de France, Beauvais, n'a pour cathédrale que le vaste chœur d'une église dont le reste n'a jamais pu être construit, tant ce début avait été grandiose.

La vallée gardera donc son abbaye ; elle n'aura pas à regretter une destruction qui eût laissé une lacune parmi les monuments qui y perpétuent la trace du passé. Ce monument-ci est inséparable de toutes les traditions locales; il y représente le sentiment profond qui fut le mobile de toutes les grandes choses du moyen âge : la foi.

PIÈCES JUSTIFICATIVES.

I.

Année 1158.

DONATION DE ROBERT Ier, COMTE DE DREUX, ET DE SON ÉPOUSE AGNÈS, COMTESSE DE BRAINE.

Notum sit tam præsentibus[1] quam futuris, quod ego Robertus, comes Drocensis, frater regis Francorum, et Agnes, comitissa, uxor mea, pro remedio animarum et nostri et antecessorum nostrorum, unum modium annonæ ecclesiæ Brolii in molendinis nostris apud Ulmellos, et in fluvio qui dicitur Blesia, annuatim damus et concedimus. Et ut hoc ratum in perpetuum perseveret, nostri sigilli attestatione confirmamus. Actum publice, anno incarnati Verbi MCLVIII.

André du Chesne, Hist. généal. de la maison royale de Dreux, p. 235, Preuves. — Jongelinus, Notitia abbatiarum ordinis cisterciensis, p. 52. — Du Monstier, Neustria pia, p. 787.

---

[1] L'original devait porter *presentibus* et remplacer partout l'*æ* par l'*e* simple, suivant l'usage du temps. Pour les pièces dont les originaux nous sont parvenus, nous reproduisons scrupuleusement ces formes anciennes. Pour les autres, comme celle-ci, nous laissons subsister l'orthographe des ouvrages qui nous les ont conservés.

II.

Entre les années 1170 et 1180.

DONATION DE ROBERT Ier, COMTE DE DREUX.

In nomine sancte et individue trinitatis, amen: Notum sit presentibus et futuris quod ego comes Robertus, frater Ludovici, regis Francorum, assensu Agnetis, uxoris mee, et Roberti, filii mei, et aliorum filiorum meorum, eclesie Broliensi dedi quinquaginta solidos in redditibus meis, singulis annis percipiendos. Reddentur autem predicti L solidi denariis illis quos de consuetudine sua solvunt carnifices de Droco. Statuimus autem predictos denarios in festo beati Remigii debere persolvi, et eosdem denarios ad expensas luminaris ad missas accedendi deputavimus expendendos. Ejusdem eclesie monachis concessimus de mortuo nemore nostro, singulis diebus habendum, tantum quantum una biga duobus equis tracta magis portare poterit et trahere sufficiat. Abbas vero et predicte eclesie totus conventus mihi concesserunt quatuor anniversaria, meum scilicet, et uxoris mee, et Roberti, filii mei, et Roberti Vicinimali et missam cotidianam pro de ....[1]. Et ut ratum et inconcussum hoc teneatur, sigillis nostris munire curavimus, presentibus magistro Rainaldo; Petro de Faro; Crispino Drocensi; Johanne de Fonteneto; Milone de Neolfa; Fulcone de Drocis.

Original en parchemin aux Archives du royaume, Trésor des chartes J, carton 238, pièce 42.

Au bas est appendu le sceau du comte Robert, en cire verte. On

---

[1] Ces mots *et missam cotidianam pro...* sont omis dans le texte de du Chesne.

y lit encore le mot DROCENSIS, et sur le contre-scel : CONFIRMA NOS, DEUS.

Nous avons pu recourir au texte original de cette charte, grâce aux recherches faites dans les Archives par M. B. Bernhard, archiviste paléographe, et l'un de nos collaborateurs à l'édition des *Lettres de Henri IV*.

Nous rétablissons avec le texte de du Chesne plusieurs endroits illisibles aujourd'hui dans l'original. Les noms des témoins sont donnés seulement d'après l'original, le texte d'André du Chesne s'arrêtant au mot *curavimus*.

Imprimé dans l'*Histoire de la maison de Dreux*, p. 235, aux Preuves ; dans le *Neustria pia*, p. 787 ; et dans le *Notitia abbatiarum ordinis cisterciensis per orbem universum*, p. 53.

III.

Année 1201.

DONATION D'ADÉLICIE, COMTESSE DE BLOIS.

Ego Adelicia, comitissa Blesensis, omnibus tam futuris quam presentibus notum facio, quod ego, pro amore Dei et pro remedio anime boni viri mei comitis T., felicis memorie, et mee, et animarum parentum et amicorum meorum, laudantibus et concedentibus filiis meis comite Ludovico, Philippo, et filiabus meis Margarita, Isabella, dedi ecclesie beate Marie de Brolio et monachis ibidem Deo servientibus in perpetuam elemosinam, unum burgensem in civitate mea Carnoti, ad eorum servicium faciendum, quamdiu ipsis, ad voluntatem ipsorum et utilitatem sue domus, servierit, ab omni tallia, consuetudine et oblatione liberum et immunem. Primum dedi Ricardum de Auneto, ita quod, eo defuncto, vel antea si forte eum, defectu servicii ipsius, dimiserint, cum me inde monachi predicti petierint, ipsis alium de modo et posse illius assignabo. Quod ut ratum semper maneret et firmum, litteris commendavi, et sigilli mei munimine roboravi. Testes sunt Raginaldus de Orrevilla; Gaufredus Gradulfi; Raginaldus de Scors; Gislebertus de Oseinvilla; Stephanus Britelli, marescallus meus; Johannes de Auneto, prepositus meus; Gauterus de Fossatis; Petrus Girardi. Actum apud Soores, anno ab incarnatione Domini m° cc° primo.

Bibliothèque du Roi, fonds de Baluze, armoire II, paquet 2, n° 2.

Nous devons l'indication de cette charte et de la suivante à notre savant ami M. Floquet, correspondant de l'Institut.

IV.

30 juin 1201.

DONATION DE LOUIS, COMTE DE BLOIS ET DE CLERMONT.

Ego Ludovicus Blesensis et Glaromontensis omnibus presentibus et futuris notum facio, quod pro amore Dei et pro remedio anime boni patris mei comitis Theobaldi et anime domine Katharine, matris mee Adeliciis, comitisse Blesensis, ad cujus preces hoc feci, et pro remedio anime mee et antecessorum meorum, laudantibus et concedentibus Katharina, uxore mea, Theobaldo, filio meo, Johanna, filia mea, Philippo, fratre meo, et sororibus meis Margarita, Isabella, dedi ecclesie Beate Marie de Brolio et monachis ibidem Deo servientibus, in perpetuam elemosinam habere concessi unum burgensem in civitate Carnote, ad eorum servicium faciendum, quamdiu, ad voluntatem ipsorum et utilitatem domus sue servierit, ab omni talia... (etc. *comme dans la charte précédente*).

Testes sunt Gaufridus de Brulone; Johannes et Carinus de Friesia; Petrus de Vilerbeton; Odo decanus; Aucherus de Bonavalle; Johannes Crispinus. Actum Bellomari anno gratie millesimo ducentesimo 1°. Datum per manum Theobaldi, cancellarii mei, ultima die junii.

Bibliothèque du Roi, fonds de Baluze, armoire II, paquet 2, n° 2.

V.

Avril 1213.

DONATION DE FOULQUES, SEIGNEUR DE MARCILLY.

Universis Christi fidelibus præsentes litteras inspecturis ego Fulco dominus de Marcilleio notum facio me donationes et concessiones bonæ memoriæ Fulconis videlicet avi mei et Fulconis patris mei quondam dominorum de Marcilleio, chartis suis expressas verbum ad verbum, sicut inferius sunt notatæ diligenter inspexisse. Universis fidelibus præsentibus et futuris notum sit, quod Fulco de Marcilleio et Joannes, filius Philippi, et Philippus, filius Pagani, concesserunt abbatiæ beatæ Mariæ sanctique Joannis Baptistæ de Brolio, et monachis ibidem Deo servientibus, in eleemosynam perpetuam, quæcumque antecessores ipsorum eidem abbatiæ ante donaverant, videlicet sedem ipsius abbatiæ, virgulta, vineas, hortos et fossata et totam terram et pratum de Ulmo, et ductum aquæ molendini sursum et deorsum, et a virgulto sursum usque ad alveum fluminis Auduræ piscationem ita liberam quod nemo nisi per monachos ibi piscari præsumat. Addiderunt etiam ad donationes istas Brolium totum juxta abbatiam, et terram in qua est ipsum Brolium et de terra plana circa ipsum octo pedes ad faciendum fossatum ad clausuram ipsius: et sciendum quod fontem in ipso Brolio Fulco de Marcilleis in dominio suo retinuit et viam congruam ad ipsum juxta rivum ipsius. Pro hac antiqua decessorum suorum eleemosyna confirmenda et nova Brolii donatione præfati milites habuerunt de caritate abbatis centum libras drocenses. Donavit quoque præfatus Fulcoius jam dictæ abbatiæ duos medios vini apud Meden, et dimidiam decimam vini vineæ suæ de Marcilleio: hæc omnia ita libere et quiete præfatæ abbatiæ sunt donata et concessa, ut sicut cimeterium vel altare libere et secure ea possideat. Auctum est concessione Burgæ matris jam dicti Fulconis et sororis suæ Gersendis, nec non et uxoris suæ Emmelinæ, Roberti quoque fratris Joannis, etc. Hæc autem omnia supradicta Simon de Aneto, ad cujus feodum pertinent, concessit, et Joannes filius ejus, etc. Actum anno gratiæ millesimo ducentesimo tertio decimo, mense aprilis.

Gallia christiana, t. XI, Instrum., col. 142, d'après le cartulaire du Breuil-Benoît.

VI.

Mars 1219.

DONATION D'YOLANDE, COMTESSE DE BRAINE.

Ego Yolendis, comitissa Branæ, notum facio universis præsentes literas inspecturis, quod carissimus filius meus Robertus, comes Drocensis, et dominus sancti Valerici, ad preces meas mihi dedit xv solidos censuales, sitos in censu Reginaldi Burgonis, singulis annis requirendos in festo sancti Remigii. Dictos autem nummos assensu et voluntate dicti R., filii mei, pro remedio animæ carissimi domini mei Roberti, comitis Drocensis et Branæ, et meæ, antecessorum meorum et liberorum meorum, concessi in perpetuam eleemosynam ecclesiæ sancti Joannis de Brolio, cujus abbas et conventus, caritatis intuitu, ad preces meas mihi fideliter concesserunt quod, singulis annis post obitum meum, anniversarium meum solemniter celebrabunt. Hanc eleemosynam dicto modo factam voluit, concessit et laudavit dictus carissimus filius meus Robertus, comes Drocensis et dominus Sancti-Valerici. Quod ut ratum deinceps permaneat, ego et prædictus filius meus Robertus, comes Drocensis, præsentem paginam sigillorum nostrorum robore confirmavimus. Actum anno gratiæ mccxix, mense martio.

ANDRÉ DU CHESNE, *Hist. de la maison de Dreux*, p. 255, aux Preuves. — *Neustria pia*, p. 787. — JONGELINUS, *Notit. abbatiarum ord. Cist.*, p. 53.

VII.

Juillet 1224.

DÉDICACE DE L'ÉGLISE DU BREUIL.

Universis sanctæ matris ecclesiæ filiis Ricardus Ebroicensis et Gualterius Carnotensis, divina permissione episcopi, salutem in vero salutari. Universitati vestræ notum fieri volumus, quod cum nos ambo simul ecclesiam Beatæ Mariæ de Brolio, Cisterciensis ordinis, anno gratiæ millesimo ducentesimo vigesimo quarto, in die octava Ascensionis Dominicæ dedicavimus, de Dei omnipotentis misericordia confisi, omnibus ad ecclesiam dictam ob honorem dedicationis venientibus et prædicto loco pias eleemosynas conferentibus unusquisque quinquaginta dies de injuncta sibi pœnitentia relaxavimus, et hanc indulgentiam usque ad festum omnium sanctorum, dictam dedicationem proxime sequens, decrevimus propagandam. Singulis vero annis sequentibus in perpetuum per quindecim dies, a die octava Ascensionis computandos, extendi volumus indulgentiam supra dictam, omnesque illos qui illis temporibus ad præfatam ecclesiam devote accesserint, et sua ibidem beneficia pie erogaverint, ejusdem indulgentiæ participes fieri ita plene statuimus et concessimus, sicut illi qui die dedicationis ejusdem participes extiterunt ad ipsam ecclesiam venientes. Datum anno Domini millesimo ducentesimo vigesimo quarto, mense julio.

Gallia christiana, t. IX, Instrum., col. 143, d'après le cartulaire du Breuil-Benoit.

VIII.

20 février 1228.

CONFIRMATION ÉPISCOPALE DES DONATIONS FAITES AU BREUIL.

Ricardus, divina permissione ecclesiæ Ebroicencis minister humilis, universis præsentes litteras inspecturis salutem. Universitati vestræ notum facimus nos donationes et concessiones dilectorum filiorum, Fulconis videlicet de Marcilleio, Goherii de Aneto, Joannis de Marcilleio et Roberti de Ybreio, militum in nostra diœcesi constitutorum, et chartis suis expressas ad verbum, sicut inferius sunt notatæ, diligenter inspexisse. — Notum sit universis quod ego Fulco, dominus de Marcilleio, et quod Goherius de Alneto et quod ego Robertus, dominus Iberti, dedi, pro salute animæ meæ, abbatiæ beatæ Mariæ de Brolio, Cisterciencis ordinis, et monachis ibidem Deo servientibus, in puram et perpetuam eleemosynam, quidquid ego et antecessores mei in patronatu ecclesiæ beati Petri de Marcilleio habueramus hereditate, jure aliquo seu consuetudine; totum dictæ abbatiæ de Brolio concessi et tradidi ad habendum, tenendum et possidendum, et omnimodam voluntatem suam inde faciendam, absque ulla mei vel meorum retentione : volo etiam ut si præfata ecclesia de Marcilleio abbatiæ supra dictæ appropriata fuerit, omnes proventus qui exinde haberi poterunt, in vestiendis monachis expendatur, etc. — Quia igitur dicta ecclesia de Marcilleio in nostra diœcesi est sita, eleemosynam dictorum virorum commendabilem pariter et laudabilem et gratam habentes, dictæ domui de Brolio, ob favorem religionis, jus patronatus ecclesiæ memoratæ et ipsam ecclesiam, persona decedente, in usus proprios suos retinere concedimus, laudamus et auctoritate pontificali in perpetuum confirmamus, ita tamen quod dictæ ecclesiæ per vicarium idoneum faciant deserviri. Datum apud abbatiam de Strata, anno Domini m^o cc^o vigesimo septimo, nono cal. martii.

Gallia christiana, t. XI, Instrum., col. 143 et 144, extrait du cartulaire du Breuil-Benoit.

IX.

Année 1235.

CONFIRMATION ACCORDÉE PAR JEAN DE MARCILLY.

Notabiliter notandum est quod ego Johannes de Marcilleio quascumque possessiones, quæcumque bona monachi de Brolio, dono, concessione, emptione, eleemosyna, vel aliis quibuslibet modis in omni feodo meo et dominio de Marcilleio et de Molens et de Logiis, acquisierunt in nemore et in plano, scilicet in terris arabilibus, in decimis, in hortis, vineis et virgultis, vel aliis quibuslibet rebus laudo, concedo, approbo, et volo ut in perpetuum possideant absolute, libere et quiete, ita quod in predictis nihil juris, consuetudinis, proprietatis, vel alterius cujuslibet rei, mihi vel meis retineo, sed renuncio bona fide generaliter in hoc facto omni juris auxilio, tam canonici quam civilis, et omni exceptioni et rei quæ possent objici contra præsens et publicum instrumentum. Ob cujus rei gratiam prænominati monachi mihi caritative duodecim libras turonenses donaverunt. Quod ut ratum et firmum maneat in perpetuum, præsens scriptum sigilli mei munimine roboravi, anno Domini M CC XXXV.

Gallia christiana, t. XI, Instrum., col. 148, tiré du cartulaire du Breuil-Benoit.

X.

Mai 1245.

CHARTE OCTROYÉE PAR GUI D'ANET.

Ego Guido de Alneto miles, notum facio universis præsentes literas inspecturis, quod ego pro salute animæ meæ et omnium antecessorum meorum, volo et concedo ut monachi de Brolio teneant et in perpetuum possideant libere, pacifice et quiete, totam peciam terræ quam dedit eis bonæ memoriæ Goherius quondam pater meus, conjunctam terris dictorum monachorum a parte Marcilleii : dictam vero terram dictis monachis teneor contra omnes firmiter et generaliter guarandire. Præterea quittavi et omnino dereliqui prædictis monachis omnem usum venationis, si quem habebam vel habere poteram, jure aliquo seu consuetudine in omnibus vineis quas dicti monachi habent circa dictam abbatiam, intra scilicet et extra et in toto nemore dictorum monachorum, quod est prope abbatiam, quod scilicet nemus vocatur Brolium, et in sepibus et in clausuris supra dictarum rerum necnon et fossatis, quibus dictum nemus de novo clausum est, et in terra quam prædicti monachi habent de Fulcone de Marcilleio milite in escambium, sita inter alveum ipsorum monachorum, qui dicitur *Coinum* et dictum nemus Brolii, sicut clausa est novo fossato, et promisi quod in his omnibus supra dictis nunquam de cetero venabor per me sive per alium, nisi aliquando contigerit quod cervus vel aliqua de feris magnis fugiens loca intraverit supra dicta, et tunc per portas seu per ostium aliquod ad persequendum me et canes meos introducent monachi supra dicti. Promisi etiam quod nunquam in perpetuum in his vel pro his omnibus supra dictos monachos gravabo, nec occasione terrarum seu pratorum meorum quæ adjacent terris dictorum monachorum eosdem monachos nunquam de cetero per me vel per alium molestabo. In cujus rei testimonium et munimen præsentes literas dedi sigilli mei munimine roboratas. Actum anno Domini M CC XL quinto, mense maio.

> *Gallia christiana*, XI, Instrum., col. 149, tiré du cartulaire du Breuil-Benoît.

XI.

Année 1258.

ENQUÊTE SUR LE PROCÈS ENTRE LES RELIGIEUX DU BREUIL ET LE BAILLI DE VERNEUIL, AU SUJET DE LA FORÊT DE CROTH.

Inquesta super dampnis que abbas et conventus de Brolio dicunt se habere, eo quod non possunt invenire usagium quod habere consueverunt in foresta de Crot, propter hoc quod predicta foresta vendita fuit, et insuper quod circa trecenta viginti arpenta de dicta foresta sunt essartata. In primo dicunt se dampnificari in mortuo nemore, quod non possunt invenire ad ardendum et carbonem faciendum, sicut consueverunt, racione vende foreste et essarti; ballivo dicente e contrario quod mortuum nemus magis abundat in boscis viginti annorum vel amplius quam in magna foresta, quare super hoc non dampnificantur. Item dicunt se dampnificari, quia non inveniunt fracturas ventorum, sicut consueverunt, propter parvitatem et novitatem boscorum, ita dicunt se dampnificari in residuo carpentariorum; ballivo dicente e contrario quod dominus Rex non tenetur ibi mittere carpentarios nisi voluerit, quare super hoc non sunt dampnificati. Item dicunt se dampnificari, quia non inveniunt fraxinum ad vasa sua ligenda, propter parvitatem boscorum; ballivo dicente e contrario quod fraxini magis habundant in boscis viginti annorum vel amplius quam in magna foresta. Item dicunt se dampnificari in pasnagio porcorum, similiter propter parvitatem boscorum; ballivo dicente quod pasnagium bene potest sufficere ad proprios usus suos. Item dicunt se dampnificari in pastura, racione essarti et propter novitatem boscorum; ballivo dicente e contrario quod pastura melius valet in centum arpentis de quindecim vel sexdecim annis quam in mille arpentis de magna foresta. Item dicunt se dampnificari in omnibus et singulis articulis racione essarti; Ballivo dicente e contrario quod ad hoc assensum probaverunt, quia de predictis essartis tantum ceperunt quod inde reddunt domino Regi annuatim septem libras turonenses. Que dampna predicta prefati monachi estimant ad valorem quadraginta librarum annuatim : Non sunt audiendi monachi de Brolio, super dampnis que petunt sibi restitui propter hoc quod foresta de Crot fuit vendita et essartata, nec super hoc debuit fieri inquesta ; inhibitum tamen fuit eisdem monachis quod de cetero non faciant carbonem de ipsa foresta, quia hoc non est eis concessum per cartam suam.

Les Olim, publiés par M. le comte BEUGNOT, *membre de l'Institut,* t. 1er, p. 70 et 71; Paris, 1839, in-4°, dans la collection des Documents sur l'histoire de France.

XII.

Novembre 1263.

DONATIONS ET CONFIRMATIONS PAR FOULQUES DE MARCILLY.

Omnibus præsentes literas inspecturis, ego Fulco dominus de Marcilleio, salutem in Domino. Noverint universi quod ego de assensu et voluntate Johannæ, uxoris meæ, dedi et concessi libere in propriam et perpetuam eleemosynam, monachis beatæ Mariæ de Broglio, ordinis cisterciensis, fontem meum ex integro, situm juxta nemus Brolii, qui quidem fons a capite dicti fontis et citra continue usque ad fluvium Auduræ, et omnem viam, quam ego et pater meus habebamus eundi ad dictum fontem, et supra caput dicti fontis, si quid habebamus vel habere poteramus quacumque ratione, nihil juris penitus in dictis via, terra, fonte, penes me seu heredes meos retinens. Insuper confirmavi dictis religiosis de Brolio quæcumque acquisierunt quocumque titulo in toto feodo meo, tempore meo et prædecessorum meorum, et confirmationes prædecessorum meorum dictis religiosis concessas ratificavi et confirmavi. Volui etiam et concessi quod dicti monachi teneant in manu mortua et possideant in perpetuum libere et quiete et pacifice omnia in feodo meo acquisita, absque contradictione mei et meorum. Pro hac autem confirmatione et concessione a me pure facta, dicti religiosi dederunt mihi quadraginta libras turonenses in pecunia numerata, de quibus me tenui pro pagato. Datum anno Domini M CC LX tertio, mense novembri.

Gallia christiana, t. IX, Instrum., col. 149, extrait du cartulaire du Breuil-Benoît.

XIII.

16 novembre 1350.

ACTE PAR LEQUEL L'ABBÉ ET LES RELIGIEUX DU BREUIL S'ENGAGENT A FAIRE UNE DÉCLARATION CONFORME A LA COUTUME, AU SUJET DES VINS QU'ILS POURRAIENT AVOIR DANS LEUR MAISON DE SAINT-THIBAUD, A DREUX.

Cy ensuit l'appointement fait par messieurs les abbé et convent de Nostre-Dame du Brueil-Benoist, touchant ce que le procureur d'icelle eglise est tenu de venir affermer devant le maire, si le vin qu'ils ont dans leur maison de Sainct-Thibauld est du creu de la ville et de leurs vignes estans assises ou vignon de Dreux.

A tous ceux qui verront ces presentes lettres, nous frere Jean, humble abbé du Brueil, enprés Dreux, et le convent d'icelle abbaye, salut : sachent tuit que comme discort fut meu ou esperé à mouvoir entre nous et nostre procureur, d'une part, et honnorables hommes et saiges les maire, pairs et commune de la ville de Dreux, d'autre part, sur ce qu'ils disoient et maintenoient eux avoir privilege qui ainsi parle : Nul ne peut faire chantier à Dreux de vin achepté pour revendre, s'il n'est de la commune, et s'il le fait, et il est trouvé en chantier après la sainct Martin d'hyver, le vin est forfait à la ville ; et avec ledit privilege disoient et maintenoient les dessusdits maire, pairs et habitans, eux estre et avoir esté en saisine et en possession, par si long-temps qu'il n'est memoire du contraire, d'avoir et recevoir le serment du procureur, ou du prieur, qui à present demeure ou a demeuré à nostre maison du Breuil, de Dreux, toutesfois qu'ils vendoient ou vendent vin, sçavoir si ledit vin estoit creu en l'heritage appartenant à nostre dicte maison ou non, et en cas que ledit prieur ou procureur n'osast affermer ledit vin estre creu audit heritage, il estoit acquis à ladite commune et à nous forfait, comme ils disoient, nous disant au contraire ledict serment non estre tenus de faire ausdits maire, pairs et habitans, par moult de raisons proposées au profit de nostre dite abbaye : toutesfois pour eschiver matière de plait et de dissention, missions et dommages, tant d'une partie comme d'autre, avons accordé et accordons avec lesdits maire, pairs et habitans, en la manière et forme qui ensuit. C'est à sçavoir que le procureur ou prieur qui est et demeure en nostre maison de Dreux, ou ceux qui seront et demourront en temps advenir, sera tenu dés maintenant et à tousjours mais, d'aller chacun an, en la prochaine assise d'après la sainct Martin d'hyver, faire serment ausdits maire et pairs, que tous les vins qu'ils auront, et seront en nostre dite maison à Dreux, ou ailleurs en ladite ville, seront creus és heritages de Dreux, appartenans à icelle maison, sans en avoir aucun achepté. Et voulons qu'au cas que ledit prieur ou procureur n'oseroit affermer lesdits vins estre creus audit heritage, on aucuns d'iceux vins, ils seront à nous forfaits et à ladite commune acquis, et les pourront prendre en nostre dite maison comme leurs propres et en faire leur volonté. Et aussi sera-t-il que nous ou nostre procureur, ou prieur, de Dreux, ne l'un de nous, ne pourra acheter vin à Dreux pour revendre, sans le congé et licence desdits maire, pairs et habitans ; et au cas que nous ou l'un de nous le feroit, ils y pourroient prendre comme le leur. Et cest present accort promettons pour nous, nostre dite abbaye et convent d'icelle, et pour nos successeurs, avoir ferme et estable dés maintenant à tousjours mais, sans venir encontre, ne à present, ne en temps à venir, par nous, ne par autres, sur l'obligation de tous les biens de nostre abbaye et convent. En tesmoing de ce, nous avons scellé cest present accort de nostre seel et du seel de nostre convent. Donné en nostre chapitre, l'an de grace mil trois cens et cinquante, le mardy XVIe jour de novembre.

Chartes des droits et coutumes de la ville de Dreux, imprimées à Dreux en 1657, in-4°, p. 31 et 32.

Madame Philippe Lemaître, dans son *Histoire de la ville et du château de Dreux*, ouvrage fort recommandable, que nous regrettons de n'avoir pu voir achevé avant de livrer notre opuscule à l'impression, nous fournit, page 207, sur la chapelle de Saint-Thibault, un document de plus, qui lui a été communiqué par M. Lamésange.

« Le 10 septembre 1790, nous Louis-Anne Livernay, P. Salmon, officiers municipaux ; Claude Cellier et Nicolas Viel, notables de la ville de Dreux, nous sommes transportés à la chapelle de Saint-Thibault, relevante de l'abbaye du Breuil-Benoist, et y avons procédé à l'inventaire des effets y contenus, en la manière qui suit :

« 1° Un autel en pierre, ayant pour contre-table la représentation de saint Thibault à cheval, élevé sur un attique posé sur l'autel ; le tout en pierre, revêtu de deux gradins, surmonté d'un tableau de saint Thibault, aussi à cheval.

« 2° Un ancien devant d'autel avec son cadre et son marchepied ; le tout en bois.

« 3° Trois nappes, un missel avec son pupitre, un ancien canon complet, une bourse contenant une palle, un corporal, une aube, une étole, un manipule et un voile : le tout en damas de Caux ; deux amits, deux purificatoires, un lavabo : le tout renfermé dans le bas d'une petite armoire en sapin ; un petit lutrin, trois bancelles, une petite cloche de sept pouces de diamètre, un bâton de saint Thibault appartenant à la confrérie.

« Plus, M. Dalloyeau nous a déclaré qu'il y avait trois fermes appartenant à ladite abbaye du Breuil-Benoist, savoir : les fermes du Hellot, de Moulincour et des Moines. » (Suivent les noms ci-dessus.)

Madame Lemaître rappelle, d'après Toussaint-Antoine Donnant, que la chapelle du prieuré de Saint-Thibault à Dreux, dépendant de l'abbaye du Breuil, a donné son nom au faubourg de Dreux par lequel on gagne la route de Brezolles, et elle décrit soigneusement les caves de cette maison, telles qu'elles ont été découvertes, il y a quatre ou cinq ans, sous la côte, par la chute d'un mur qui en masquait l'entrée. Cette intéressante description sert de complément à l'acte ci-dessus au sujet du vin des moines.

Hist. de la ville et du château de Dreux, lieu cité.

XIV.

8 février 1386 [1387].

QUITTANCE DÉLIVRÉE PAR L'ABBÉ NICOLE.

Sachent tous que nous frere Nicole, humble abbé du moustier de N. D. du Brueil, de l'ordre de Cisteaux, confessons avoir receu de Loys de Sepoy, prevost et recepveur d'Annet, 64 sous pour le terme de Toussaint 1386 pour les anniversaires Mons. Loys, jadis conte d'Évreux. Scellé de nostre scel duquel nous usons, le 18 février 1386.

Copie écrite vers la fin du XVIIe siècle, et conservée dans le fonds Gaignières à la Bibliothèque du Roi.

Nous devons l'indication de cette quittance et des suivantes à notre confrère et ami M. Paulin Paris.

XV.

1er décembre 1394.

QUITTANCE DÉLIVRÉE PAR L'ABBÉ ÉTIENNE D'ESTRÉCHY.

Sachent tuit que nous Estienne Destrechi, humble abbé de Nostre Dame du Brueil, confessons avoir eu et receu de Gasse Lesnout, prevost et receveur Danet et Brueil, la somme de soixante et quatre solz parisis, que nous prenons sur lad^e recepte, ou terme de Toussains pour chacun an, pour l'anniversaire de feu conte Devreux, de laquelle somme de lxiiij s^s p^s, dessus dicte, nous tenons pour bien paiez pour led. terme de Toussains derain iiij^{xx} xiiij, et en quictons le Roy nostre Syre, son dit receveur et tous aultres. En tesmoing de ce nous avons scellé cette quittance du scel de lad. abbaye. Donné lan de grace mil ccc. iiij^{xx} et xiiij, le premier jour de decembre.

Original en parchemin, Bibliothèque du Roi, fonds Gaignières, titres originaux scellés, abbayes, vol. III.

XVI.

1ᵉʳ juillet 1408.

QUITTANCE DÉLIVRÉE PAR L'ABBÉ ÉTIENNE.

Sachent tous que nous frere Estienne, par la permission divine, humble abbé du monstier Nostre-Dame du Brueil, confessons avoir heu et receu de Jehan Petit, viconte de Pontantou et de Pontaudemer, la somme de neuf livres tournois pour trois milliers de hareng sor, qui deuz nous est au terme sainct Michel mil cccc et sept, pour le caresme precedent, lesquels trois milliers de harenc nous avons droit et accoustumé prendre chacun an sur la portion de ce que prenent sur la prevosté dud. lieu de Pontaudemer les hoirs de messire Robert du Neufbourg : de laquelle somme de ix l. tˢ nous tenons à bien paié, et en quitons le Roy nostre Syre, le dit viconte et tous autres à qui appartient. En tesmoing de ce, nous avons scellé ceste presente du scel de nostre dit monstier, le premier jour de juillet mil cccc et huit.

Original en parchemin, Bibliothèque du Roi, fonds Gaignières, titres originaux scellés, abbayes, vol. III.

A la suite de cette quittance se trouvent, dans le même volume, les originaux en parchemin des six quittances suivantes, pour diverses échéances de cette redevance :

19 *mai* 1410.

Quittance de 7 livres 10 sous tournois, délivrée par l'abbé Raoul, à Jehan Petit, vicomte de Pontaudemer, pour le prix de trois milliers de harengs dus à l'abbaye pour le carême précédent, et dont le prix, à raison de 50 sous tournois le mille, devait être acquitté au terme de St-Michel 1409.

3 *décembre* 1440.

Quittance de 13 l. 10 sous tournois, délivrée par l'abbé Raoul à Thomas Haliday, vicomte de Pontaudemer, pour trois mille harengs, dus à l'abbaye pour le carême précédent, et dont le prix, à raison de 4 l. 10 s. le mille, devait être remis à la St-Michel 1439.

3 *avril* 1445 [1446].

Quittance toute semblable à la précédente, pour l'année 1445.

XVII.

18 janvier 1451 [1452].

QUITTANCE DÉLIVRÉE PAR L'ABBÉ AMAURY.

Sachent tous que nous Amaury, par la permission divine, humble abbé de l'eglise et monastere de Nostre-Dame du Breuil-Benest, de l'ordre de Cisteaulx, et tout le convent du lieu, confessons avoir receu de honorable homme et sage, Robert le Gras, viconte de Pontantou et de Pontaudemer, la somme de traize livres dix solz tournois, qui deut nous estoit, du terme saint Michel, cccc cinquante et ung, à cause de troiz milliers de harenc sor que nous avons droit et acoustumé prendre et avoir chacun an audit terme saint Michel, sur les revenus de la prevosté dudit Pontaudemer, à nous estre paiez à plaine valeur, sans diminution, à cause de la fondation et augmentation d'icelle eglise. De laquelle somme de iiij livres x solz tournois nous tenons pour content et bien paiez, et en quittons par ces presentes le Roy nostre sire, ledit viconte et tous autres à qui quittance en appartient. En tesmoing de ce, nous abbé dessus nommé, avons scellé ces dites presentes du scel d'icelle église et signées de nostre seing manuel, le xviij^e jour de janvier oudit an, l'an mil cccc cinquante et ung.

(*Signé en abrégé* :) AMY (*pour* AMAURY, *avec paraphe*).

Le sceau y est : nous en avons donné la description ci-dessus, page 56.

9 février 1454 [1455].

Quittance toute semblable à la précédente, pour l'année 1454.

3 *décembre* 1485.

Quittance de la somme de 7 l. 10 s. tournois, délivrée, au nom de l'abbé Maury, par frère Guillaume Dupuis, religieux, bailli et procureur de l'abbaye, à Jean Thuffes, commis à la recette du domaine de la vicomté de Pontaudemer, pour les trois milliers de harengs, dus en 1482.

XVIII.

28 septembre 1486.

ACTE DE L'HOMMAGE DE L'ABBÉ AMAURY DE FAVEROLLES AU ROI, POUR LE TEMPOREL DE L'ABBAYE DU BREUIL-BENOÎT.

A tous ceulx qui ces presentes lettres verront ou orront, Sanson Patry, escuier viconte d'Evreux, salut. Savoir faisons que le jeudi vingt-huitiesme jour de septembre, l'an de grace mil quatre cens quatre-vingt six, par Alexandre et Michel de Robillard, tabellions jurez en la dicte viconté pour le Roy nostre syre, nous a esté tesmoingné avoir veu, tenu et leu, mot aprés autres, les lettres patentes du Roy nostre syre, scellées de cire jaune sur simple queue, avec les mandemens de nos seigneurs les gens des comptes du Roy nostre dit syre, et de monseigneur le bailly d'Evreux ou son lieutenant, le tout ataché esdites lettres patentes saines et entieres, desquelles la teneur enssuit. Et premierement desdictes lettres patentes du Roy nostre syre : Charles par la grace de Dieu, Roy de France, à nos amez et feaulx gens de nos comptes et tresoriers, aux bailly et viconte ou à leur lieuctenant ou commis, salut et dilection. Savoir vous faisons que nostre bien amé Amaulry de Faverolles, abbé de Nostre-Dame du Breuil-Benoist, de l'ordre de Cistaulx, oudit bailliage d'Evreux, nous a aujourd'hui fait, à la personne de nostre feal chancelier, le serment de feaulté que tenu estoit nous faire à cause de la temporalité de la dite abbaye. Auquel serment nous l'avons receu, sauf nostre droit et l'autruy : et voulons et vous mandons, et à chacun de vous si comme luy appartient, que pour cause dudit serment de feaulté à nous fait, vous ne faictes, mettez, ou donnez, ne souffrez estre faict, mis ou donné audit de Faverolles en sa dite temporalité de la dicte abbaye, aucun destourbite ou empeschement, ainçoi se icelle temporalité ou les appartenances, ou aucunes d'icelles, estoient pour ce prinses, saisies, arrestez, empeschez ou mises en nostre main, mettez-les-luy et faictes mectre incontinent et sans delay à pleine delivrance : car ainsy nous plait-il estre fait, nonobstant quelzconques ordonnances, restrictions, mandement ou deffense à ce contraire. Donné à Paris, le vingt-quatriesme jour de fevrier l'an de grace mil iiij^c iiij^{xx} cinq, et de nostre regne le tiers an. Est signé : par le Roy, à vostre relation, Budée. Item enssuit la teneur du mandement de nosdicts seigneurs des comptes les gens des comptes et tresoriers du Roy nostre syre à Paris : Aux bailly et viconte d'Évreux et au procureur du Roy nostre dict syre ou bailliage et viconté, ou à leurs lieutenans ou commis, salut. Il nous est apparu par lettres du Roy nostre dict syre, données à Paris le vingt-quatriesme jour du present moys de fevrier, aux semblables desquelles ces presentes sont attachées soubz l'un de nos signes, Amaulry de Faverolles, abbé de Nostre-Dame du Breuil-Benoist, de l'ordre de Cistaulx audit bailliage d'Evreux, avoir faict au Roy nostre dit syre, es mains de son chancelier, le serment de feaulté que teneu luy estoit de faire pour cause de la temporalité de la dite abbaye. Si vous mandons, et à chacun de vous endroit soy, que se pour cause desdits sermens de feaulté au Roy nostre dict syre non faiz, la dicte temporalité estoit, pour ce, prinse et mise en la main du dit seigneur, mettez-la ou faictes mettre incontinent et sans delay à plaine delivrance, à commencer du jour de la reception de ces presentes, pourveu que le dit abbé en baillera son adveu et denombrement par escript dedans le temps deu, et paiera à vous, viconte, les autres droiz et devoirs, se aucuns en sont, pour ce, deubs, se paiez ne les a, et qu'il n'y ait chose qui soit du domaine du Roy nostre dit syre, ne autre cause d'empeschement pour quoy faire ne le devez, laquelle, au cas qu'elle y soit, nous escripvez, affin deue. Donné à Paris soubs nos dicts signets, le vingt-cinquiesme jour de fevrier, l'an mil iiij^{ct} iiij^{xx} et cinq. Ainsi signé : L. Demontmirel. Item enssuit la teneur du mandement de monseigneur le bailly, ou son lieutenant : Robert Auvray escuier, lieutenant general de noble homme monseigneur Jehan de Hangest, chevalier seigneur de Genly, conseiller, chambellan du Roy nostre syre et son bailly d'Évreux, commissaire du Roy nostre dit syre et de nos seigneurs les gens des comptes du Roy nostre dit syre à Paris, au vicomte d'Évreux ou à son lieutenant salut. Veues par nous les lettres patentes de nos dicts seigneurs des comptes, contenant leur estre appareu par les lettres patentes du Roy nostre seigneur, ou semblables desquelles les dictes lettres de nos dits seigneurs des comptes sont atachez soubz l'un de leurs signets auxquelles ces presentes sont semblablement atachez soubz le petit scel aux causes du dict bailliage, que venerable personne Amaulry de Faverolles, abbé de Nostre-Dame du Breuil-Benoist, de l'ordre de Cisteaulx, a fait à la personne de monseigneur le chancelier le serment de feaulté que tenu estoit de faire au Roy nostre dit seigneur, à cause de la temporalité de la dite abbaye : Nous vous mandons, ou commettons, se mestier est, que se, pour cause du dict serment de feaulté non fait, le temporel de la dite abbaye ou aucunes de ses appartenances estoient mises en la main du Roy nostre seigneur, ou autrement empeschez, mectez-les-luy ou faictes mectre incontinent et sans delay à plaine delivrance ; et lequel empeschement nous avons levé et osté, du consentement de honorable homme et saige maistre Mathieu Aubert, licentié en loy, advocat, et Richard Boullent, escuier, procureur du Roy nostre dit syre au dict bailliage, pour ce qu'il se submest en baillier son adveu et denombrement en la chambre desdicts comptes, dedans temps deu, et qu'il n'y ait autre raisonnable cause d'empeschement, en paiant les droiz et deniers pour ce deuz et accoustumez, se fait et paiez ne les a. En tesmoing de ce, nous avons scellé ces presentes du petit scel aux causes du dict bailliage, le vingt-huitiesme jour de septembre, l'an de grace mil cccc quatre-vingt et six. Ainsi signé : H. Leconte. En tesmoing de ce, nous, à la relation des dicts tabellions, avons mis à ce present vidimé ou transcript, le scel des obligations de la dicte vicomté. Ce fut fait les an et jour dessus premiers ditz.

(*Signé :*) Robillard (*avec paraphe*).

Original en parchemin à la Bibliothèque du Roi, fonds Guignières, titres originaux scellés, abbayes, t. III.

XIX.

8 décembre 1487.

QUITTANCE DÉLIVRÉE PAR L'ABBÉ MAURY.

Nous Maury, par la permission divine, humble abbé de l'abbaye de Nostre-dame du Breuil-Benest, confessons avoir heu et receu de noble homme Guichard Dalbon, viconte de Pontantou et de Pontaudemer, par les mains de Guillaume Costeley, son commis à faire la recepte du domaine de lad. viconté, la somme de cinquante deux livres dix solz tournois, qui deubs nous est, tant pour les termes de St Michel mille iiij^{ct} iiij^{xx} et cinq, iiij^{xx} et six, iiij^{xx} et sept, que pour le reste et parpaie des termes iiij^{xx} et trois et iiij^{xx} et quatre, à cause de trois milliers de harens sor, que nous avons droit de prendre et avoir chacun an sur la recepte du domaine de lad. viconté, entre les parties des fiefz et aumosnes. De laquelle somme de lij l. x^s to^s, pour les caresmes dessus dicts nous quictons led. Roy nostre Syre, led. viconte, Costelet et tous autres. En tesmoing de ce nous avons scellé cette presente du scel dont nous usons en nostre abbaye, le huit^{me} jour de novembre, l'an mil iiij^{ct} iiij^{xx} et sept.

(*Signé :*) Dupuis (*avec paraphe*).

Le sceau est conservé; voyez-en la description ci-dessus, p. 59.

Original en parchemin, Bibliothèque du Roi, fonds Gaignières, titres originaux scellés, abbayes, t. III.

Une copie écrite vers la fin du xviie siècle, et placée dans un autre volume du fonds Gaignières, a conservé la pièce suivante :

6 *juin* 1492.

Quittance de 13 l. 10 s. délivrée par l'abbé Amaulry au vicomte de Pontaudemer pour le hareng de l'année 1491.

Enfin, dans le tome III des titres originaux scellés des abbayes, de Gaignières, on trouve encore :

7 *mars* 1515 [1516].

Quittance de 13 livres 10 s., délivrée, au nom de l'abbé Maury de Faverolles, par dom Loys le Mesurier, procureur, receveur et bailli de l'abbaye, à monseigneur le vicomte de Pontaudemer, entre les mains de Guillaume le Moine, son commis à la recette ordinaire du domaine de la vicomté, pour le prix des 3000 harengs dus en 1515.

10 *décembre* 1518.

Quittance de 13 l. 10 s. tournois, délivrée par frère Jacques Boudin, au nom de l'abbé Robert, à Mathieu Dupont, vicomte de Pontaudemer, pour le prix des harengs dus en 1518.

XX.

13 avril 1580.

DONATION DE PIERRE DE MORE.

Contrat passé devant Ciprien Delamotte le 13 avril 1580. Dom Pierre de More, prieur [1] du Breuil, a donné un quartier et demy de prey auprès la grande riviere, pour luy dire vigille et une messe haute, et libera à la fin, avec le *De profundis* et aultres oraisons suivantes : le tout à dire et celebrer la semaine de la feste Sainte-Barbe, et estre recommandé le dimanche d'auparavant, et aux quatre principales festes de l'année.

> *Sommier des biens et revenus appartenans à l'œuvre et fabrique de l'église paroissiale de Marcilly-sur-Eure* (volume manuscrit conservé dans les archives de cette paroisse), page 187, pièce 43 ; et *Inventaire des contrats des coffres*, contrat 152.

---

[1] Le sommier donne ici *abcy*, mais c'est une erreur ; car l'original en parchemin, qui est conservé, et altéré en partie par la moisissure, porte en deux endroits très-lisiblement : « Venerable et discrette personne frere Pierre de More, « prebstre, prieur de l'abbaye Nostre-Dame du Breuil-Benoist. »

XXI.

24 juin 1601.

FONDATION D'UN OBIT POUR LE REPOS DE L'AME DE L'ABBÉ DENIS HURAULT.

A tous ceulx qui les presentes lettres verront Jacques de Chaumont, licencié es loix bailly vicomtal et garde du scel aux obligations du bailliage et vicomté d'Ylliers, temporel de l'evesché d'Évreux, salut : Sçavoir faisons que par devant Pierre Absoleu et Noel Delarue, tabellions jurez au dict bailliage pour la branche de Marsilly sur Eure, furent presens en leurs personnes Gilles l'Absoleu, escuier, sieur de Laune ; Jean Rouillion, Guillaume le Simple, filz Jehan ; Pierre Boudeville ; Thomas de Louye ; Pierre Daniel ; Gilles Marié ; Nicolas le Tellier ; Jehan Lescureuil ; Jacques Touray ; Nicolas Claré ; Anthoihne Boudeville ; Thibault Delarue ; Guillaume le Simple, fils Simon ; Sebastien Lige ; Jacques Dumon ; et Pierre le Tellier : tous habitans de la paroisse monsieur St-Pierre du dict Marcilly ; lesquels tous d'un acord et consentement, pour tout le corps principal de la dicte paroisse, ont volontairement promist à messire Denis Huraut, conseiller et aumosnier du Roy, abbé commendataire de l'abaye Nostre Dame du Breuil-Benoist, stipulé par religieuse personne frere Pierre Martin, prieur de la dicte abbaye, de luy faire dire et celebrer ung obiit à tousjours mais, en l'eglize monsieur St-Pierre du dict Marcilly, tant pour luy que pour ses amis vivans et trespassés, le lendemain de la feste monsieur St-Pierre, que les thesauriers seront tenus faire, ledit jour St-Pierre, dire aprés vespres, vigilles de mors, avec recommandacion, et le dict jour de lendemain faire faire ung service, où il y aura quatre messes haultes à diacre et soubz-diacre, lesquelles messes seront dictes assavoir, la premiere par le prieur de la dicte abbaye du Breuil, qui sera du St-Esprit ; la seconde par le curé de St-George, qui sera de Nostre-Dame ; la troisiesme par le curé de Louye, qui sera de tous les saints ; et la quatriesme et dernière messe par le curé ou vicaire du dict Marcilly, avec le Libera, De profundis, les oraisons et antiennes, qui se dira devant le crucifix de la dicte eglize; et en l'absence du dict prieur, le soubz-prieur, ou aucun religieux qui ira à sa place, et, pour l'absence desdicts curez, leurs vicaires, ou aultres gens d'églize, qui diront les dictes messes : pour lequel service, les dicts thesauriers seront tenus de bailler tant audit prieur que curez, ou aultres pour leurs absences, à chacun demy escu, et à ung religieux qui assistera audit obiit avec ledit prieur la somme de quinze solz tournois. Seront aussi tenus lesdits tresauriers qui seront pour lors en charge de faire sonner les cloches de ladite eglize tant aux vigilles de morts, recommandations, grande messe que libera dudit obiit, mesme d'allumer tout le luminaire de ladite eglize durant tout le service. Et à la fin d'iceluy obiit seront aussi tenus de donner à treize pauvres à chacun ung solz, aux plus necessiteux que ledit curé ou son vicaire congnoistra estre de plus nécessité. Et pour le regard de l'obit qui se fera le lendemain dudit jour St-Pierre prouchain venant, ne seront tenus lesdits tresauriers de paier lesdits gens d'eglise qui feront ledit service ni autres charges portés à icelluy, sinon qu'ils seront tenus de faire sonner et allumer le luminaire, comme dit est, moyennant qu'il leur sera paié la somme de trente solz tournois, qu'il leur sera tenu bailler au jour que se dira ledit obiit; comme aussi pour lesdits gens d'eglize et les treize pauvres. Plus, lesdits paroissiens se sont en pareil submist et submettent de faire dire à l'intention dudit sieur abbé et de ses amis vivans et trespassés l'anthienne de Salve Regina avec le verset Ora pro nobis sanctissima Dei genitrix et l'oraison Deus qui de beate Marie, à la fin d'icelle ung De profundis et lesdites oraisons accoustumées pour les trespassés, à commencer au jour St-Pierre prouchain venant, et ainsi à continuer à toujours mais, tant aux dimanches qu'aux festes qui se presenteront chascun an, à la revenue de la procession. Se auxdits jours il ne se faisoit procession, ne delaisseroit de faire ledit salut et De profundis comme dit est et feront dire auparavant que de commencer la messe, en payant par lesdits tresauriers au curé ou vicaire, par chascun an, la somme de deux escus. Item pour faire et accomplir tout ce que dessus, ledit sieur abbé a donné à ladite fabrique la somme de cent escus d'or sous, qui ont esté presentement baillés par les mains dudit sieur prieur du Breuil, audit nom et qualité que dessusdit, lesquels deniers ont esté presentement baillés es mains de Gilles l'Absoleu vingt escus, Thomas de Louye dix escus, Jacques Touray dix escus, Guillaume le Simple fils Jehan et Pierre Daniel dix escus, Pierre Boudeville et Nicolas Claré dix escus, Nicolas le Tellier dix escus, Pierre Absoleu et Pierre le Tellier dix escus, et à Jehan Rouillion dix escus. Toutes lesdites parties revenant à la dite somme de cent escus, presentement payés et comptés et nombrés par ledit sieur auxdits cy-dessus nommés, par le consentement, tant dudit prieur, curez que paroissiens, et en faire la rente au prix le Roy; lesquels s'obligent vers lesdits tresauriers pour ladite fabrique, par corps et biens, icelle rente payer au premier jour de juing, premier terme de payement; commenceront au premier jour de juing prouchain venant, et ainsi à continuer durant ledit temps......... [*Déchirure dans le parchemin.*] ....des dessus nommés qui ont pris............ toutesfois qu'ils pourront, et ne les pourront rendre qu'au jour que ce fera ledit obiit, parce que lesdits paroissiens et tresauriers ne les pourront rebailler à autres personnes sans l'expres consentement tant dudit prieur que curez, et pour l'absence dudit prieur le soubz-prieur ou autre religieux qui sera à sa place, et, pour l'absence des susdits, leurs vicaires ou autres gens d'eglise de leur part: car tel est la volonté dudit sieur abbé pour la seureté et l'entretenement de tout le contenu dessus dit. A quoi lesdits parroissiens, pour tout le corps principal de ladite parroisse, en ont obligé tout le revenu de ladite eglize, dont etc., promettant lesdits habitans tenir le contenu cy-devant pour agreable, sans y contrevenir, renonçant à toute chose à ce contraire, etc. Fait le vingt-quatriesme jour de juing mil six cens et ung. Presens messire Jacques de Louye, prebstre, Noel Paray et Fleurent Masson, demeurant audit Marcilly, qui ont, avec lesdites parties, signé à la minute desdites presentes, suivant l'ordonnance, etc.

(*Signé:*) Absollu (*avec paraphe*).

Original en parchemin conservé dans les archives de la paroisse de Marcilly-sur-Eure.

XXII.

8 juillet 1667.

PERMISSION DE MONSEIGNEUR L'ÉVESQUE D'ÉVREUX, POUR ÉTABLISSEMENT DE LA CONFRAIRIE DU S^T-ROZAIRE, A MARCILLY.

Henry de Maupas du Tour, par la grâce de Dieu et du St-Siège apostolique, évesque d'Évreux, conseiller d'estat ordinaire du Roy nostre sire, à tous les fidelles de nostre diocèse salut et bénédiction en nostre Seigneur. Sçavoir faisons que veu la requeste à nous présentée par messire Gabriel d'Esparbès, seigneur de Lussan, Brazais Basmotteux, la Vendel et autres lieux, dame Margueritte du Fay son espouse, et damoiselle Margueritte d'Esparbès leur fille, disans qu'ayans recognu les bénédictions que Dieu accorde aux fidelles par l'intercession de la très pure et tousjours immaculée Marie, vierge et mère de nostre sauveur et rédempteur Jésus-Christ, en la faveur de la sainte confrairie du Rozaire, ils avoient médité dès il y a quelque temps d'en fonder une en la paroisse de Marcilly-sur-Eure et y donner une somme de trente livres de rente par an, qui est un revenu plus que suffisant pour la faire subsister ; mais comme ils ne peuvent pas parvenir à ce louable dessein s'ils n'y sont autorizés et permis de nous, et qu'ils souhaitent que cette confrairie reçoive son establissement soubs nostre bon plaisir, tendoient les dits sieurs d'Esparbès de Lussan, la dame son espouse et la damoiselle leur fille, par leurs dictes requestes, en ce qu'il nous plaît accorder notre décret et lettres de permission à ce necessaires et donner les statuts et reglemens sous lesquels la confrairie sera entretenue à l'advenir, faisans droict : Nous avons loué et approuvé la saincte dévotion des supplians et permis l'érection du St Rosaire en l'honneur de la très immaculée mère de Dieu, en la paroisse de Marcilly-sur-Eure, de nostre diocèse, par ce que dans les trois mois de ce jour les dits sieurs fondateurs nous feront aparoir d'un contrat bon et valable de leurs fondation et donation de ladite somme de trente livres de rente ci-dessus par eux aumosnée, et qu'ils nous apporteront les constitutions soubs lesquelles la dite confrairie sera doresnavant desservie et entretenue. Donné à Évreux en notre palais épiscopal, le dix-huitième jour de juillet, l'an de N. S. mil six cent soixante-sept.

Signé : Henry, évêque d'Évreux ; et plus bas : par le commandement de Monseigneur : Bonneville.

Archives de la paroisse de Marcilly-sur-Eure.

XXIII.

6 septembre 1713.

PROCÈS-VERBAL DE L'OUVERTURE DES RELIQUES DE Sr FAUSTE, Sr MAGNE ET Sr CLAIR.

Nous François Honorat Antoine de Beauvillier de St.-Aignan, prêtre, docteur de Sorbonne, nommé à l'évêché de Beauvais, déclarons et certifions à qui il appartiendra que les ossemens et reliques de st. Fauste, de st. Magne et de st. Clair, enfermés dans cette boîte, ont été tirés de trois grandes châsses de reliques, savoir celles de st. Fauste et de st. Magne, apportées de Rome par feu monseigneur le cardinal de Janson, évêque de Beauvais, grand aumônier de France, ambassadeur du Roi auprès de Sa Sainteté, desquelles nous avons fait l'ouverture à l'abbaye du Val de Grace de Paris et au monastère des filles de la Visitation du faubourg St.-Jacques, où elles reposent ; et celles de st. Clair ont été tirées du monastère des religieuses de la Conception immaculée du faubourg St.-Germain de Paris, ainsi qu'il est rapporté au long dans les d. procès-verbaux de vérification et authenticité des d. reliques enfermées dans les châsses ; le tout en vertu de la commission à nous donnée par S. E. Mgr. le cardinal de Noailles, archevêque de Paris. En foi de quoi nous avons signé les présentes. Fait à Paris, le 6 7bre 1713, et scellé. Signé J. H. A. de Beauvillier de St.-Aignan, nommé à l'archevêché de Beauvais. Signé Vallin, secrétaire, avec paraphe.

(*Signé :*) F. DE VALLIÈRE.

Archives de la paroisse de Muzy, pièce provenant d'une châsse de l'abbaye Notre-Dame de l'Estrée.

XXIV.

19 mars 1730.

REMISE DE QUELQUES RELIQUES DE S^T THIBAULT A LA PRIEURE DE L'ABBAYE DE L'ESTRÉE, PAR LE PRIEUR DU BREUIL.

Nous soussigné prieur de l'abbaye du Breuil Benoist au diocèse d'Évreux, ordre de Cîteaux, filiation de Clairvaux, certifions à tous ceux qu'il appartiendra que madame de Montperoux, prieure titulaire de l'abbaye de l'Estrée, nous ayant fait connoître qu'elle et sa communauté auroit une vénération singulière pour la mémoire et vertus du bienheureux st. Thibauld, autrefois abbé de l'abbaye des Vaux de Cernay et dont le corps repose dans l'église de la dite abbaye, dans une grande châsse de bois doré, qu'elle souhaitoit ardemment d'avoir quelques parcelles de ces reliques : Nous, désirant favoriser leur dévotion et seconder leurs pieuses intentions, et contribuer à la gloire de Dieu par l'honneur qu'on rend à ses saints, leur avons donné, et remis en mains propres de la susdite dame prieure titulaire, une petite parcelle des ossemens du bras du dit saint tirée d'une plus grosse qui nous a été accordée par le reverend Père Dom Augustin Boulanger, prieur de l'abbaye des Vaux de Cernay (ainsi qu'il paroît par son certificat, qui nous a donné le vingt cinq juillet mil sept cent vingt neuf), pour être déposée dans notre église du Breuil Benoist à la vénération des fidèles ; en foi de quoi nous leurs avons donné le présent certificat signé de notre signe manuel, pour être déposé dans les archives de leur maison, pour leur servir en ce que de besoin.

Fait en l'abbaye du Breuil Benoist, le 19e de mars 1730. Signé Fr. Jean B. Bouland.   (*Signé :*) F. DE VALLIÈRE.

XXV.

26 mars 1730.

PROCÈS-VERBAL DE LA CONSÉCRATION DE PLUSIEURS RELIQUES
A L'ABBAYE DE L'ESTRÉE, PAR LE PRIEUR DU BREUIL.

Nous frere Jean Baptiste Boulant pretre profes de Froid[efont] et prieur de l'abbaye du Breuil Benoist au diocèze d'Évreux, ordre de Citeaux, filiation de Clairvaux, nous nous serions transporté en celle de l'Estrée, à la demande et réquisition de madame Marie Gilbert Josephe Palatine de Dio de Monperoux, prieure titulaire de la Colombie, transférée à l'abbaye de l'Estrée, et de notre cher confrère frère Jean Baptiste de Vienne de Vallier, profés de l'abbaye de Cháalys et confesseur de celle de l'Estrée diocèse aussi d'Evreux, même ordre, et filiation de Pontigny: où étant arrivé, le 26 du mois de mars mil sept cent trente, serions monté au parloir de la dite dame vénérable prieure, qui nous auroit déclaré qu'ayant reçu plusieurs reliques de Rome avec des certificats bien authentiques, qui auroient été approuvés et confirmés par Monseigneur Jean Le Normand, évêque d'Evreux, et de Dom Marc Le Doux, docteur de la faculté de Paris, prieur de l'abbaye de St.-André, vicaire général de l'ordre de Citeaux en la province de Normandie, lesquels nous ayant été mis en main et la dite dame nous ayant fait connoître qu'elle désiroit que les dites reliques fussent remises dans des châsses à ce destinées, avec les cérémonies accoutumées de l'Église, pour être ensuite exposées à leur vénération et celle des fidèles: Nous, désirant seconder de si pieuses intentions, et la dite dame prieure, aussi bien que notre très-cher confrère Dom de Vallier nous ayant fait l'honneur de nous inviter à faire cette cérémonie, nous nous serions, le lendemain vingt sept du dit mois, rendu à l'église, vers les 9 heures, ou, après avoir fait notre prière et préparation pour célébrer solennellement la sainte messe, serions entré à la sacristie pour nous revêtir des habits sacerdotaux, et ensuite nous nous serions transporté à la grille du chœur, assisté de nos chers confrères Dom Jean Baptiste de Valliere, Dom Pierre Chausteux et de Dom Antoine Piquois, tous deux religieux de la communauté du Breuil Benoist, anciens, aurions trouvés les dites reliques décemment placées sur un plat bassin, qui nous auroient été présentées par la dite dame prieure, avec tous les certificats, dont on auroit fait lecture de voix intelligible devant toute la communauté présente, composée de dix-huit religieuses de chœur, savoir de Louise Beaumaitre, sous-prieure, Louise D'Hemevilé, Hélène Rotrou, Jeanne de la Porte, Silvie Gaye, Charlotte Prevoste, dépositaire, Catherine Le Ducq, Ursule Billard, Angélique Petit, Françoise de Vaux, Françoise Thuillier, Elisabeth de la Meslerie, Catherine de la Bretonnière, Elisabeth Brochaud, Louise Vitu, Marianne Le Tellier, Catherine Bresson et Claude Gourlade. Après les lectures faites, et madame la prieure nous ayant assuré que c'étoit les mêmes reliques dont il est fait mention dans les susdits certificats, aurions fait la bénédiction des susdites châsses et pris dévotement les dites reliques, que nous aurions enfermées dans les deux susdites châsses de bois doré, savoir, dans une celles de st. Florentin, st. Crescens, st. Patience, st. Fauste et ste. Christine; dans l'autre celles de st. Magne, st. Thibauld et ste. Claire, avec des copies des certificats et procès verbaux ci-joints, que nous aurions fermées et scellées en cire d'Espagne rouge aux armes de madame la dite prieure; ensuite nous nous serions mis à genoux pour encenser les dites reliques et faire notre prière, qui auroit été suivie des litanies des Saints, chantées par la communauté, à la fin desquelles serions monté à l'autel pour y célébrer la sainte messe, à l'issue de laquelle serions retourné dans l'endroit où les dites reliques étoient exposées. Après avoir entonné le Te Deum, qui auroit été continué par la communauté, aurions transporté les susdites reliques et déposé sur le grand autel, pour y être dorénavent exposées à la vénération de la dite communauté et à celle des fidèles.

En foi de quoi nous aurions dressé le présent procès-verbal, que nous aurions signé et fait signer par la communauté et autres témoins.

(*Signé :*) F. De Vallier.

Archives de la paroisse de Muzy, pièce provenant, ainsi que la précédente, d'une châsse de l'abbaye de l'Estrée.

XXVI.

2 février 1765.

ARRÊT DU CONSEIL POUR DÉCLARATION DE VÉTUSTÉ DE PLUSIEURS CONSTRUCTIONS APPARTENANT A L'ABBAYE DU BREUIL-BENOÎT.

Sur la requête présentée au Roy, étant en son conseil, par le sieur Denis de Péguilhan de Larboust, maître de l'oratoire du Roi, abbé commendataire de l'abbaye du Breuil-Benoît, contenant 1° qu'au hameau de Chèze, paroisse du Bois-le-Roy, dépendant de la dite abbaye, il y a une ancienne chapelle, sous le titre de saint Julien, qu'il seroit nécessaire de démolir, attendu qu'elle est en ruines et que les murs, lézardés et surplombés de toutes parts, ne pourroient supporter la charpente du comble, dont les deux tiers sont découverts depuis plusieurs années, ce qui a consommé une partie de la charpente et le pignon en entier, de même que le carré des murs; que cette chapelle est absolument inutile, puisque depuis très-longtemps on n'y a point dit la messe, parce que le dit hameau est à peu de distance du chemin de la dite paroisse et qu'il s'en faut très-peu que les maisons soient attenantes ; 2° qu'il y a des bâtiments, au nombre de treize, servant de logement à plusieurs particuliers, granges, écuries, etc. ; que ces bâtiments, inutiles d'ailleurs, sont totalement en ruines et ne peuvent soutenir aucunes réparations, à l'exception de trois qu'on pourroit mettre en état de servir à resserrer des grains que l'abbaye récolte dans le dit hameau; 3° qu'il y a une ancienne porte à bateaux, construite sur la rivière d'Eure, appartenant à la dite abbaye, et proche d'icelle, que cette porte n'est d'aucune utilité, puisque depuis près de vingt ans les bateaux n'ont point navigué sur la dite rivière, qu'au contraire elle est nuisible à l'écoulement de l'eau, qui étant retenue par cette porte, reflue si haut qu'elle inonde, dans certains temps, le terrain d'alentour et cause à différents particuliers des dommages très-considérables. A ces causes, requéroit le suppliant, du consentement du prieur et des religieux de la dite abbaye du Breuil-Benoît, qu'il plût à Sa Majesté permettre la démolition et suppression, tant de la chapelle que des différents bâtiments ci-dessus détaillés, à l'exception de trois, destinés à l'usage y énoncé, ainsi que la porte à bateaux sur la rivière d'Eure, et accorder toutes lettres patentes à ce nécessaires. Vû la dite requête et le procès-verbal fait par le nommé Joseph Favard, maître charpentier, l'acte de consentement des prieur et religieux de la dite abbaye, ensemble l'avis du sieur évêque d'Évreux et du sieur intendant de la généralité de Rouen ; ouï le rapport, le Roi étant en son conseil a déclaré et déclare de vétusté, tant la chapelle sise au hameau de Chèze, paroisse du Bois-le-Roy, que les différents bâtiments ci-dessus détaillés, permet Sa Majesté au sieur abbé de Larboust, abbé de l'abbaye du Breuil-Benoist, de laquelle dépendent la dite chapelle et les dits bâtiments, de les démolir et supprimer, à l'exception de trois maisons, auxquelles seront faites les réparations nécessaires pour les mettre en état de resserrer les grains que la dite abbaye recueille dans le dit hameau de Chèze ; veut Sa Majesté que le dit sieur abbé de Larboust, ses héritiers ou ayant cause, et ses successeurs abbés de la dite abbaye du Breuil-Benoist, ne puissent être recherchés ni inquiétés pour raison des dites suppressions et démolitions. Fait au conseil du Roi, Sa Majesté y étant, tenu à Versailles, le deux février mil-sept-cent-soixante-cinq.

(*Signé:*) BERTIN (*avec trait*).

EXTRAIT DES REGISTRES DU CONSEIL D'ÉTAT.

2 février 1765. Lettres-patentes adressées à la cour de parlement de Rouen, par lesquelles il est dit : Si vous mandons que ces présentes vous ayez à faire registrer, et de leur contenu faire jouir et user l'exposant pleinement et paisiblement, cessant et faisant cesser tous troubles et empêchemens, non obstant clameur de haro, charte normande ou lettres à ce contraires : car tel est notre plaisir. Donné à Versailles, le 2 février 1765.

Copie conservée dans les archives du château de Motel.

TABLE DES MATIÈRES.

	Pages.
Lettre à M. le comte de Reiset	1

RECHERCHES HISTORIQUES SUR L'ABBAYE DU BREUIL-BENOIT.

Origine	5
Situation	11
Sources historiques	12
Fondation	17
Traditions des légendes	20
Description de l'église	32
Vie des moines	37
Suite des progrès de l'abbaye	42
Divers revenus de l'abbaye	53
Hommage fait au Roi par l'abbé	57
Faibles traces pendant un demi-siècle. — Relations avec le diocèse de Paris	59
Succession des seigneurs de Marcilly	64
Abbés commendataires	74
Vente et morcellement des domaines de l'abbaye	97
État actuel du Breuil	103

PIÈCES JUSTIFICATIVES.

		Pages.
I.	Donation de Robert Ier, comte de Dreux, et de son épouse Agnès, comtesse de Braine.............	113
II.	Donation de Robert Ier, comte de Dreux.........	114
III.	Donation d'Adélicie, comtesse de Blois	116
IV.	Donation de Louis, comte de Blois et de Clermont..	117
V.	Donation de Foulques, seigneur de Marcilly.......	118
VI.	Donation d'Yolande, comtesse de Braine.........	120
VII.	Dédicace de l'église du Breuil.................	121
VIII.	Confirmation épiscopale des donations faites au Breuil...................................	122
IX.	Confirmation accordée par Jean de Marcilly.......	123
X.	Charte octroyée par Gui d'Anet................	124
XI.	Enquête sur le procès entre les religieux du Breuil et le bailli de Verneuil, au sujet de la forêt de Croth	126
XII.	Donations et confirmations par Foulques de Marcilly.	128
XIII.	Acte par lequel l'abbé et les religieux du Breuil s'engagent à faire une déclaration conforme à la coutume, au sujet des vins qu'ils pourraient avoir dans leur maison de Saint-Thibaud, à Dreux.........	129
XIV.	Quittance délivrée par l'abbé Raoul.............	132
XV.	Quittance délivrée par l'abbé Étienne d'Estréchy...	133
XVI.	Quittances délivrées par l'abbé Étienne et par son successeur................................	134
XVII.	Quittances délivrées par l'abbé Amaury..........	136
XVIII.	Acte de l'hommage de l'abbé Amaury de Faverolles au Roi, pour le temporel de l'abbaye du Breuil-Benoît...................................	138
XIX.	Quittances délivrées par l'abbé Maury et l'abbé Robert.......................................	141
XX.	Donation de Pierre de More....................	143
XXI.	Fondation d'un obit pour le repos de l'âme de l'abbé Denis Hurault.............................	144

	Pages.
XXII. Permission de l'évêque d'Évreux pour l'établissement de la confrérie du Saint-Rosaire, à Marcilly......	147
XXIII. Procès-verbal de l'ouverture des reliques de saint Faust, saint Magne et saint Clair.............	149
XXIV. Remise de quelques reliques de saint Thibaud à la prieure de l'abbaye de l'Estrée, par le prieur du Breuil..................................	150
XXV. Procès-verbal de la consécration de plusieurs reliques à l'abbaye de l'Estrée, par le prieur du Breuil....	151
XXVI. Arrêt du conseil pour déclaration de vétusté de plusieurs constructions appartenant à l'abbaye du Breuil-Benoît.............................	154

PLANCHES.

Vue de l'abbaye du Breuil en 1702.
État actuel de l'église N.-D. du Breuil (côté de la façade).
Vue intérieure de la nef de N.-D. du Breuil, dans l'état actuel.
Ruines du chœur de l'église N.-D. du Breuil.
Fragments anciens, provenant de l'église.
Château du Breuil, ancien manoir abbatial.
Armes des abbés.
Autres armoiries relatives au Breuil.

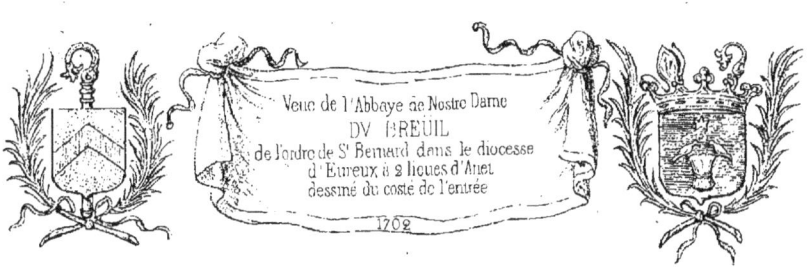

VUE DE L'ABBAYE DU BREUIL EN 1702
(D'après le dessin des Portefeuilles de Gaignières conservé à la Bibliothèque du Roi)

ÉGLISE DE LONGUEIL-ANNEL
Côté de la gauche

VUE INTÉRIEURE DE LA NEF DE N.D. DU BREUIL
dans l'état actuel

RUINES DU CHŒUR DE L'ÉGLISE N. D. DU BREUIL

A. Châsse de St Eutrope, donnée par l'Abbé Hurault. (Elle est ornée des armes de cette famille)
B. Restes de la statue tumulaire de Foulques de Marcilly, fondateur de l'Abbaye du Breuil
C. Fragment d'une clef de voûte aux armes de France et de Dreux

CHATEAU DU BREUIL
(Ancien manoir féodal)

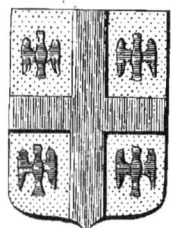
Montmorency ancien.

Sarradin.

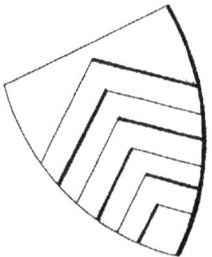
Faverolles.

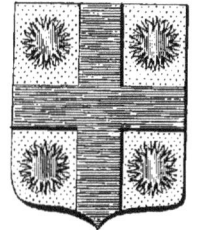
Hurault.

Poncet de la Rivière.

Péguilhan de Larboust.

Dreux.

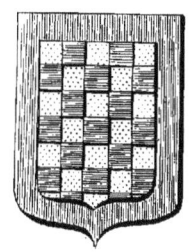

Marcilly.

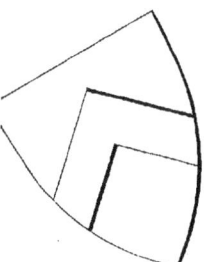

Estouteville.

Alègre.

Du Fay.

Dyel.

Du Bosc.

Aciret.

1x 1661 ½ m. 2. cam.

www.ingramcontent.com/pod-product-compliance
Lightning Source LLC
Chambersburg PA
CBHW060524090426
42735CB00011B/2365